数学思维训练

——适用于小学三年级第一学期课外阅读

薛英 编著

武汉大学出版社
WUHAN UNIVERSITY PRESS

图书在版编目(CIP)数据

数学思维训练：适用于小学三年级第一学期课外阅读 / 薛英编著．
武汉：武汉大学出版社，2024.12. -- ISBN 978-7-307-24888-5
Ⅰ. G624.503
中国国家版本馆 CIP 数据核字第 2024J7P552 号

责任编辑:黄金涛　　责任校对:汪欣怡　　版式设计:马　佳

出版发行：武汉大学出版社　（430072　武昌　珞珈山）
（电子邮箱：cbs22@ whu.edu.cn　网址：www.wdp. com.cn）
印刷:武汉邮科印务有限公司
开本:720×1000　1/16　印张:15.25　字数:216 千字　插页:1
版次:2024 年 12 月第 1 版　2024 年 12 月第 1 次印刷
ISBN 978-7-307-24888-5　定价:88. 00 元

目　　录

0 复习

1. 乘法表复习

完成时间________分钟，做对________题。

评星（根据所做的结果及时间评星，最高为五星。）

☆ ☆ ☆ ☆ ☆

1×1 =	2×1 =	2×2 =	3×1 =	3×2 =	3×3 =
4×1 =	4×2 =	4×3 =	4×4 =	5×1 =	5×2 =
5×3 =	5×4 =	5×5 =	6×1 =	6×2 =	6×3 =
6×4 =	6×5 =	6×6 =	7×1 =	7×2 =	7×3 =
7×4 =	7×5 =	7×6 =	7×7 =	8×1 =	8×2 =
8×3 =	8×4 =	8×5 =	8×6 =	8×7 =	8×8 =
9×1 =	9×2 =	9×3 =	9×4 =	9×5 =	9×6 =
9×7 =	9×8 =	9×9 =			

你做对了吗？____________，错误在什么地方________________

2. 除法复习

完成时间________分钟，做对________题。

评星(根据所做的结果及时间评星，最高为五星。)

☆☆☆☆☆

45÷9=	45÷5=	63÷9=	63÷7=
54÷9=	54÷6=	72÷9=	72÷8=
36÷9=	36÷4=	27÷9=	27÷3=
18÷9=	18÷2=	56÷8=	56÷7=
64÷8=	42÷7=	42÷6=	35÷7=
35÷5=	28÷7=	28÷4=	36÷6=
30÷6=	30÷5=	25÷5=	20÷4=
20÷5=	15÷3=	15÷5=	10÷2=
81÷9=	6÷3=	6÷2=	9÷3=

1 第1周

1.1 每日一练

每天12道题，用时不超过5分钟为“卓越”，10分钟内为“合格”。

第1天

完成时间________分钟，做对________题。

评星(根据所做的结果及时间评星，最高为五星。)

☆ ☆ ☆ ☆ ☆

$57+7\times4=$	$4\times3+39=$
$60+9\times3=$	$8\times3+40=$
$41+6\times7=$	$7\times3+59=$
$19+7\times2=$	$72+5\times7=$
$42+8\times8=$	$7\times4+67=$
$5\times6+77=$	$8\times4+54=$

你做对了吗？____________，错误在什么地方________________

第2天

完成时间________分钟，做对________题。

评星（根据所做的结果及时间评星，最高为五星。）

☆☆☆☆☆

$7\times8+16=$　　　　$4\times2+72=$

$76+2\times6=$　　　　$89+3\times8=$

$4\times7+57=$　　　　$9\times8+9=$

$23+7\times9=$　　　　$31+9\times6=$

$2\times5+26=$　　　　$2\times7+41=$

$3\times3+78=$　　　　$9\times4+74=$

你做对了吗？____________，错误在什么地方________________

第3天

完成时间________分钟，做对________题。

评星(根据所做的结果及时间评星，最高为五星。)

☆ ☆ ☆ ☆ ☆

$3\times9+21=$　　　　$3\times4+47=$

$5\times9+77=$　　　　$56+6\times3=$

$6\times7+57=$　　　　$4\times4+46=$

$9\times9+15=$　　　　$5\times6+90=$

$14+9\times5=$　　　　$9\times4+33=$

$2\times9+14=$　　　　$25+2\times5=$

你做对了吗？____________，错误在什么地方________________

第4天

完成时间________分钟，做对________题。

评星(根据所做的结果及时间评星，最高为五星。)

☆☆☆☆☆

$65+8\times1=$　　$8\times8+23=$

$5+4\times7=$　　$2\times5+5=$

$78+8\times7=$　　$9\times6+24=$

$44+6\times8=$　　$16+4\times7=$

$42+8\times2=$　　$23+9\times6=$

$7\times4+44=$　　$8\times1+23=$

你做对了吗？____________，错误在什么地方________________

第 5 天

完成时间________分钟，做对________题。

评星(根据所做的结果及时间评星，最高为五星。)

☆ ☆ ☆ ☆ ☆

$5\times9+40=$　　　　$7\times3+19=$

$77+3\times6=$　　　　$50+9\times9=$

$6\times6+53=$　　　　$9\times2+86=$

$43+7\times2=$　　　　$54+6\times6=$

$3\times9+39=$　　　　$3\times4+58=$

$8\times7+30=$　　　　$9\times4+66=$

你做对了吗？____________，错误在什么地方________________

第6天

完成时间________分钟，做对________题。

评星(根据所做的结果及时间评星，最高为五星。)

☆☆☆☆☆

$9\times3+38=$

$5\times8+32=$

$6\times7+21=$

$71+9\times2=$

$2\times2+76=$

$7\times5+27=$

$5\times8+79=$

$5\times6+33=$

$19+9\times5=$

$9\times2+37=$

$2\times9+17=$

$9+3\times8=$

你做对了吗？____________，错误在什么地方________________

第 7 天

完成时间________分钟，做对________题。

评星(根据所做的结果及时间评星，最高为五星。)

☆ ☆ ☆ ☆ ☆

$27+4\times6=$	$52+5\times7=$
$2\times7+38=$	$23+4\times2=$
$8\times4+80=$	$3\times4+87=$
$7\times8+82=$	$8\times8+19=$
$37+3\times4=$	$2\times2+53=$
$1\times9+36=$	$20+3\times6=$

你做对了吗？____________，错误在什么地方________________

本周小结，对自己的评价是：

卓越(　)　　优秀(　)　　良好(　)　　合格(　)　　不合格(　)

1.2 逻辑思维训练

1. 黑白珠子各有多少个？

观察图形：

○●○●●○●●●●○●●●●●●●●○●……

问题：前 100 颗珠子中，白色、黑色珠子各有多少颗？

【答案】

看图形可知，白色的珠子一次一颗，黑色的珠子除第一颗外，其余的是以它前面的黑珠子数量的 2 倍的规律排下去的。第一块黑珠子有 1 颗，第二块有1×2颗，第三块有 $2\times2=4$ 颗，第四块有 $4\times2=8$ 颗，第五块有 $8\times2=16$ 颗，第六块有 $16\times2=32$ 颗，第七块有 $32\times2=64$ 颗。可以推断出，前 100 颗珠子中有 7 颗是白的，有 93 颗是黑的。

2. 观察下面的数字，判断第七个数字多少？

3，13，1113，3113，132113，1113122113，____________。

【答案】

下一个数字是上一个数字的读取。比如：第一个数字是 3，第二个读第一个，就是 1 个 3，所以为 13。第三个读第二个，1 个 1，1 个 3，所以 1113。第四个读第三个，3 个 1，1 个 3，所以 3113。第五个读第四个，1 个 3，2 个 1，1 个 3，所以 132113。第六个读第五个，1 个 1，1 个 3，1 个 2，2 个 1，1 个 3，所以 1113122113。第七个读第六个，3 个 1，1 个 3，1 个 1，2 个 2，2 个 1，1 个 3，所以下一行数字是 311311222113。

3. 观察下列数字：

1，1，2，3，5，8，13，……这列数字中，第 12 个数是多少？

【答案】

这个可以看作兔子问题。第一个月，有一对小兔子，第二个月小兔子长大了，第三个月，大兔子生一对小兔子，共有 2 对兔子，第四个月，大兔子又生了一对小兔子，而前面的小兔子长大啦，共有 3 对兔子，这样一直下去，发现兔子的总对数有如下规律：1 对，1 对，第三个月为 1+1，第四个月为 1+2=3，第五个月为 2+3=5，第六个月为 3+5=8，……，即第 K 月的兔子总数为前面两个月兔子的和，所以，第 12 个数字为：144。

1.3　应用题训练

1. 明明跑 50 米的成绩是 13 秒，比花花快 2 秒，那么花花的成绩是多少秒？

2. 星期六上午 8:30，小丽开始写作业，9:00 完成作业，算一算她写作业用了多长时间？

3. 一辆客车上午 9:00 从甲地出发，经过 2 小时 5 分钟后到达乙地，客车到达乙地时是上午几点几分？

1.4　本周思维拓展

1. 小莉去图书城买了一本书和一张光盘，一共用了 27 元，一本书比一张光盘贵 10 元，这本书和这张光盘各多少元?

2. 香蕉和苹果一共重 150 千克，香蕉比苹果多 8 千克，问：香蕉和苹果各多少千克?

3. 将合唱团分为两个小组，如果一组有 7 人到二组，一组就比二组少 3 人。原来一组比二组多几人?

2　第 2 周

2.1　每日一练

每天 12 道题，用时不超过 5 分钟为“卓越”，10 分钟内为“合格”。

第 1 天

完成时间________分钟，做对________题。

评星(根据所做的结果及时间评星，最高为五星。)

☆ ☆ ☆ ☆ ☆

58−7×4＝	2×8−5＝
55−6×3＝	8×9−30＝
40−6×5＝	7×6−14＝
45−3×8＝	78−3×7＝
35−3×3＝	67−7×4＝
5×6−12＝	66−6×4＝

你做对了吗？____________，错误在什么地方________________

第 2 天

完成时间________分钟，做对________题。

评星(根据所做的结果及时间评星，最高为五星。)

☆ ☆ ☆ ☆ ☆

$79-4\times9=$　　　　$32-7\times2=$

$67-9\times5=$　　　　$35-3\times9=$

$67-4\times8=$　　　　$9\times6-13=$

$55-7\times3=$　　　　$17-3\times2=$

$91-8\times5=$　　　　$74-3\times9=$

$46-4\times6=$　　　　$9\times7-2=$

你做对了吗？____________，错误在什么地方________________

第3天

完成时间________分钟，做对________题。

评星(根据所做的结果及时间评星，最高为五星。)

☆☆☆☆☆

$86-8\times8=$　　　　$9\times8-17=$

$75-9\times6=$　　　　$90-7\times4=$

$74-7\times8=$　　　　$8\times5-18=$

$68-9\times3=$　　　　$5\times7-17=$

$9\times7-38=$　　　　$52-3\times3=$

$67-5\times6=$　　　　$8\times7-21=$

你做对了吗？____________，错误在什么地方________________

第 4 天

完成时间________分钟，做对________题。

评星（根据所做的结果及时间评星，最高为五星。）

☆ ☆ ☆ ☆ ☆

$28-2\times4=$

$6\times8-33=$

$84-4\times8=$

$53-5\times4=$

$88-2\times8=$

$5\times5-4=$

$60-2\times7=$

$48-3\times8=$

$53-3\times7=$

$51-8\times3=$

$39-4\times4=$

$99-8\times4=$

你做对了吗？____________，错误在什么地方________________

第5天

完成时间________分钟，做对________题。

评星(根据所做的结果及时间评星，最高为五星。)

☆☆☆☆☆

$68-5\times9=$　　　　$7\times9-9=$

$45-5\times6=$　　　　$31-6\times2=$

$64-3\times5=$　　　　$9\times8-30=$

$60-7\times4=$　　　　$59-3\times3=$

$78-2\times2=$　　　　$78-7\times7=$

$87-6\times8=$　　　　$94-8\times6=$

你做对了吗？____________，错误在什么地方________________

第6天

完成时间________分钟，做对________题。

评星(根据所做的结果及时间评星，最高为五星。)

☆☆☆☆☆

$7\times4-5=$　　$9\times5-23=$

$77-2\times7=$　　$8\times7-7=$

$56-4\times4=$　　$38-3\times6=$

$45-5\times7=$　　$75-2\times6=$

$60-4\times8=$　　$37-6\times4=$

$68-2\times6=$　　$64-6\times6=$

你做对了吗？____________，错误在什么地方________________

第7天

完成时间________分钟，做对________题。

评星(根据所做的结果及时间评星，最高为五星。)

☆☆☆☆☆

68−7×9＝	45−2×9＝
9×6−23＝	76−4×3＝
9×4−19＝	61−2×6＝
56−7×5＝	81−6×5＝
46−5×6＝	45−3×6＝
4×7−18＝	76−8×4＝

你做对了吗？____________，错误在什么地方________________

本周小结，对自己的评价是：

卓越(　)　优秀(　)　良好(　)　合格(　)　不合格(　)

2.2 逻辑思维训练

1. 找出问号所代表的数。

194837265，5627384，43765，?

【答案】

后一个数是前一个数去掉最大的数和最小的数，然后再反向排列得到的，因而?所表示的数是564。

2. 从前，有个公子非常聪明。有一天，公子正在吃西瓜，当家里的佣人为他切西瓜的时候，他突发奇想：如果用刀平整地去切一个大西瓜，只切10刀，最多能将西瓜切成多少块？最少又能切多少块？

【答案】

最多能切1024块，即每次都能把上次切好的西瓜都切成两份，即2的10次方，最少能切11块。

2.3 应用题训练

1. 小明星期日上午9:20开始写作业，上午9:45完成作业，算一算，他写作业用了多长时间？

2. 星期六上午8:00，小楠从家里出发去公园，到达公园后，时间是8:55，问小楠去公园的路上花了多长时间？

3. 客车上午9:30发车，小云从家到车站需要用40分钟，小云最迟要在几点几分从家出发，才能赶上客车？

2.4 本周思维拓展

1. 甲、乙两个工厂一共有员工230人，甲工厂比乙工厂少30人。甲、乙两个工厂各有多少人？

2. 兄弟两人一共有480元，如果弟弟给哥哥34元，则两人的钱数就相等，原来兄弟两人各有多少元钱？

3. 两袋梨一共重100千克，如果从第一袋中拿出7千克放入第二袋中，则两袋梨重量相等，两袋梨原来各有多少千克？

4. 有一种植物每天长高2厘米，8天长到32厘米，长到24厘米需要几天？

3 第3周

3.1 每日一练

每天 12 道题，用时不超过 5 分钟为“卓越”，10 分钟内为“合格”。

第1天

完成时间________分钟，做对________题。

评星(根据所做的结果及时间评星，最高为五星。)

☆ ☆ ☆ ☆ ☆

$29-2\times3=$	$7\times8-28=$
$36-5\times5=$	$7\times9-46=$
$57-4\times4=$	$7\times5-13=$
$52-5\times8=$	$63-6\times8=$
$35-3\times3=$	$44-5\times4=$
$81-5\times6=$	$49+9\times8=$

你做对了吗? ____________，错误在什么地方________________

第2天

完成时间________分钟，做对________题。

评星(根据所做的结果及时间评星，最高为五星。)

☆ ☆ ☆ ☆ ☆

$85-5\times7=$	$4\times5+15=$
$43+5\times5=$	$34-4\times6=$
$65+5\times4=$	$47+5\times5=$
$48-8\times3=$	$46-7\times5=$
$82+5\times5=$	$6\times9-13=$
$52-5\times3=$	$86+9\times2=$

你做对了吗？____________，错误在什么地方________________

第3天

完成时间________分钟，做对________题。

评星(根据所做的结果及时间评星，最高为五星。)

☆☆☆☆☆

$59-2\times7=$ $5\times5+17=$

$80+5\times4=$ $17+6\times4=$

$4\times6+71=$ $86-8\times5=$

$58-8\times6=$ $4\times9-7=$

$2\times7+76=$ $52-4\times7=$

$9\times3-20=$ $74+5\times2=$

你做对了吗？____________，错误在什么地方________________

第4天

完成时间________分钟，做对________题。

评星(根据所做的结果及时间评星，最高为五星。)

☆☆☆☆☆

$77-6\times6=$　　　　$3\times8+43=$

$85-5\times9=$　　　　$55+5\times7=$

$80+6\times5=$　　　　$5\times7-14=$

$55+8\times5=$　　　　$48-3\times8=$

$5\times9+27=$　　　　$68+9\times4=$

$3\times8+78=$　　　　$8\times3+58=$

你做对了吗？____________，错误在什么地方________________

第5天

完成时间________分钟，做对________题。

评星（根据所做的结果及时间评星，最高为五星。）

☆ ☆ ☆ ☆ ☆

$18+5\times2=$	$5\times8-14=$
$83-9\times2=$	$51-5\times2=$
$80-8\times5=$	$9\times5+35=$
$9\times4+11=$	$36+4\times3=$
$64+3\times9=$	$89+8\times8=$
$54+4\times9=$	$9\times2-6=$

你做对了吗？____________，错误在什么地方________________

第 6 天

完成时间________分钟，做对________题。

评星(根据所做的结果及时间评星，最高为五星。)

☆ ☆ ☆ ☆ ☆

$4+5\times3=$	$3\times8-2=$
$68-2\times6=$	$6\times5+37=$
$59-5\times4=$	$83+4\times8=$
$83+5\times7=$	$90+2\times6=$
$85+3\times3=$	$8\times4+29=$
$9\times4+39=$	$30+2\times6=$

你做对了吗？____________，错误在什么地方________________

第 7 天

完成时间________分钟，做对________题。

评星(根据所做的结果及时间评星，最高为五星。)

☆ ☆ ☆ ☆ ☆

$4\times3+82=$	$68-2\times6=$
$3\times8-22=$	$59-4\times5=$
$4\times8+35=$	$3\times6+12=$
$89-8\times5=$	$7\times9+24=$
$66-5\times7=$	$3\times4+33=$
$59+2\times6=$	$50+2\times6=$

你做对了吗？____________，错误在什么地方________________

本周小结，对自己的评价是：

卓越(　)　　优秀(　)　　良好(　)　　合格(　)　　不合格(　)

3.2 逻辑思维训练

1. 有个美丽的公主，她与城里的一个穷小子相爱了，但是遭到国王强烈反对。公主一直坚持自己的感情，最后国王提出了一个要求，并承诺只要这个穷小子可以做到，就同意两人结婚。

国王要求穷小子乘船将一头狼、一只羊和一篮青草运到河的另一边。然而，国王给他的船只可以容纳一个人、一头狼，或者是一个人、一只羊，或者是一个人、一篮青草。然而，大家都十分清楚，倘若没人守护，羊很快就会被狼吃掉，同样，没人守护，而青草则会被羊吃掉。

这个穷小子站在岸边，想了想，然后开始过河。没想到他来回几次后，竟然真的将这三样东西都运到河的另一边了。

【答案】

先把羊运到河对岸，然后穷小子自己一个人回岸边；然后带青草过河，将青草留下，带羊回来；然后将羊留下，与狼一起过河，穷小子再回到岸边，最后带羊一起过河。

2. 有三个小孩不小心跑进了迷宫里面，走了很长一段时间，也没有找到出口。这个时候，突然前面出现了一个三岔口，每个路口都写有一句话。第一个路口写道："这里是迷宫的出口。"第二个路口上面写着："这里不是迷宫的出口。"看完这两个路口标示后，三个小孩又看了第三个路口的标示，上面这样写道："另外两个路口的话，有一个是真的，有一个是假的，但我的话没有错。"请问，到底选哪条路才能走出迷宫？

【答案】

选择的前提为，承认第三个路口的话是真的。倘若第一个路口的话是真的，那么它就是迷宫的出口。这样一来，第二个路口也是真的，这就和第三个路口的标示相矛盾了；倘若第一个路口的话是假的，那么第二个路口的话是真的：这样便可确定第一、第二个路口均非通往出口的路。所以，正确的路口应该是第三个。

3.3 应用题训练

1. 一根长32分米的竹竿，每8分米切一段，切一次用6分钟，切完整根竹竿需要用多长时间?

2. 公交车每隔5分钟发一班，奶奶想坐9:00的那班公交车，到达车站时，已经是9:01，奶奶要等待几分钟才能乘下一班公交车?

3. 火车从北京开到上海需行驶5小时，悦悦从家到北京火车站需要走40分钟，悦悦上午8:00从家出发，乘坐9:00的火车去上海的姑姑家，到达上海火车站后，又乘坐了1个小时的地铁，到达姑姑家是下午15:30，问悦悦从自己家到姑姑家一共用了多长时间?

3.4 本周思维拓展

1. 小雪和小慧今年的平均年龄是 15 岁，小雪比小慧大 2 岁。今年小雪和小慧各是多少岁？

2. 小丽在一次考试中，语文成绩和数学成绩的平均分是 95 分，数学成绩比语文成绩多 3 分，小丽的语文、数学各得多少分？

3. 校足球队队员的年龄情况是：12 岁的有 13 人，11 岁的有 16 人，10 岁的有 13 人，校足球队队员的平均年龄是多少岁？

4 第4周

4.1 每日一练

每天 12 道题，用时不超过 5 分钟为“卓越”，10 分钟内为“合格”。

第 1 天：完成时间________分钟，做对________题。

评星(根据所做的结果及时间评星，最高为五星。)

☆ ☆ ☆ ☆ ☆

32÷4=	96÷3=
56÷7=	66÷2=
75÷5=	72÷3=
87÷3=	70÷7=
54÷3=	30÷3=
36÷6=	38÷2=

你做对了吗？____________，错误在什么地方________________

第2天

完成时间________分钟，做对________题。

评星(根据所做的结果及时间评星，最高为五星。)

☆☆☆☆☆

84÷4=	60÷5=
84÷7=	70÷2=
50÷2=	60÷3=
80÷4=	62÷2=
24÷6=	80÷5=
50÷5=	40÷4=

你做对了吗？____________，错误在什么地方________________

第3天

完成时间________分钟，做对________题。

评星(根据所做的结果及时间评星，最高为五星。)

☆ ☆ ☆ ☆ ☆

69÷3=	66÷3=
48÷4=	36÷4=
66÷3=	36÷2=
52÷2=	56÷8=
56÷4=	48÷3=
24÷3=	72÷4=

你做对了吗？____________，错误在什么地方________________

第4天

完成时间________分钟，做对________题。

评星(根据所做的结果及时间评星，最高为五星。)

☆☆☆☆☆

55÷5＝	64÷4＝
64÷2＝	80÷5＝
44÷2＝	72÷2＝
84÷3＝	30÷5＝
56÷4＝	26÷2＝
64÷8＝	78÷3＝

你做对了吗？____________，错误在什么地方________________

第5天

完成时间________分钟，做对________题。

评星(根据所做的结果及时间评星，最高为五星。)

☆ ☆ ☆ ☆ ☆

76÷2＝	60÷4＝
28÷7＝	80÷2＝
84÷2＝	26÷5＝
35÷7＝	88÷2＝
65÷5＝	30÷2＝
76÷4＝	69÷3＝

你做对了吗？____________，错误在什么地方________________

第 6 天

完成时间________分钟，做对________题。

评星(根据所做的结果及时间评星，最高为五星。)

☆☆☆☆☆

90÷5＝	25÷5＝
72÷6＝	42÷3＝
82÷2＝	86÷2＝
42÷3＝	72÷2＝
74÷2＝	48÷6＝
40÷5＝	21÷3＝

你做对了吗？____________，错误在什么地方________________

第 7 天

完成时间________分钟，做对________题。

评星(根据所做的结果及时间评星，最高为五星。)

☆ ☆ ☆ ☆ ☆

30÷2=	20÷5=
58÷2=	81÷3=
56÷8=	70÷7=
64÷8=	30÷2=
84÷6=	58÷2=
84÷7=	39÷3=

你做对了吗？____________，错误在什么地方________________

本周小结，对自己的评价是：

卓越(　)　　优秀(　)　　良好(　)　　合格(　)　　不合格(　)

4.2 逻辑思维训练

1. 张明和他的孙子去池塘边钓鱼，他们想坐公共汽车去郊外的池塘。然而，公共汽车禁止携带超过 2 米的物品，他们鱼竿的长度却偏偏超过了 2 米。这时，聪明的小孙子想到了一个好办法，爷孙两人便顺利地登上了公共汽车。请问他们到底是怎么做到的？

【答案】

虽然鱼竿有两米长，可是只要将它斜着放到短于两米的长方形盒子中，就可以把它带到公共汽车上了。

2. 有一天，汤姆为了给杰克送货，决定乘火车到某地。原本两人已经约定，杰克到火车站来接汤姆，可是火车却提前进站了，因此汤姆只能尝试一个人往杰克住的地方走。大概走了半个小时，他迎面撞上了杰克，杰克把东西接过来，没做丝毫停留就掉头往回走了。当杰克回到家里才意识到，相比平时，这次接货回来的时间足足早了 10 分钟。那么，这天的火车究竟提前了多少分钟到站？

【答案】

杰克回到家的时间提前了 10 分钟，这意味着他从遇到汤姆到火车站这段路程来回需要 10 分钟。因此，从相遇时到达火车站，步行需要 5 分钟。换句话说就是，按照以前的时间，再过 5 分钟火车应该就到站了，然而这个时候火车已经到站 15 分钟了，也就是汤姆走路的这段时间。因此，相比平时，这一天的火车到站总共提前了 20 分钟。

3. 每逢周末，有一个五口之家都会到一家饭店吃饭。吃了数次之后，这家人就要求饭店老板给一点优惠，至少得免费请他们一餐。这个饭店的老板很聪明，他想了一会儿，便说道："你们这一家子也算是我们饭店的常客了，你们以后每一次来，每个人都将位子换一下，到你们5个人的排列次序出现重复的时候，我就会给你们送一餐，你们认为怎么样？"5个人互相看了看，不知道应该怎么回答。请问，这家人要吃多少次才可以让老板送一餐免费餐饮？

【答案】

每次换位置，第一个人有5种坐法，第二个人有4种坐法，第三个人有3种坐法，第四个人有2种坐法，第五个人有1种坐法。$5\times4\times3\times2\times1=120$。这个五口之家每周去这个饭店吃一次饭，需要去120次，得用上120周的时间，也就是说，这个五口之家需要840天才能吃到老板免费送的一顿餐。

4.3 应用题训练

1. 小雪家里两个月前电表的读数是720，到今天电表的读数是810，小雪家这两个月用了多度电？

2. 一共要种46棵梨树苗和25棵杏树苗，现在小花和小明已经种了52棵，那还有多少棵树苗没有种？

3. 一工地上有830袋沙子，现在有两辆车，一辆可以装388袋沙子，另一辆可以装402袋沙子，这两辆车能不能一次把沙子运走？

4.4　本周思维拓展

1. 小花、小悦、小升三人一共有课外书 70 本。小花比小悦多 4 本书，小升比小悦多 6 本书，三人各有多少本书？

2. 小楠、小锦、小娟共有 420 元钱，小楠比小锦多 50 元，小锦比小娟少 70 元，问：小楠、小锦、小娟各有多少钱？

3. 某一小学三年级一共有三个班，一共有学生 150 人，一班比三班多 5 人，三班比二班多 5 人，三个班各有多少名学生？

4. 在 10 到 50 之间有多少个数是 3 的倍数？

5　第5周

5.1　每日一练

每天12道题，用时不超过5分钟为“卓越”，10分钟内为“合格”。

第1天

完成时间________分钟，做对________题。

评星(根据所做的结果及时间评星，最高为五星。)

☆ ☆ ☆ ☆ ☆

$96 \div 4 =$	$72 \div 4 =$
$63 \div 7 =$	$28 \div 2 =$
$75 \div 5 =$	$72 \div 3 =$
$87 \div 3 =$	$70 \div 7 =$
$54 \div 3 =$	$30 \div 3 =$
$36 \div 3 =$	$38 \div 2 =$

你做对了吗？____________，错误在什么地方________________

第 2 天

完成时间________分钟，做对________题。

评星(根据所做的结果及时间评星，最高为五星。)

☆ ☆ ☆ ☆ ☆

84÷4＝　　　　60÷5＝

84÷7＝　　　　70÷2＝

50÷2＝　　　　60÷3＝

80÷4＝　　　　62÷2＝

24÷6＝　　　　80÷5＝

50÷5＝　　　　40÷4＝

你做对了吗？____________，错误在什么地方________________

第3天

完成时间________分钟，做对________题。

评星(根据所做的结果及时间评星，最高为五星。)

☆☆☆☆☆

69÷3＝　　　　63÷3＝

84÷7＝　　　　36÷4＝

66÷3＝　　　　36÷2＝

52÷2＝　　　　56÷4＝

72÷3＝　　　　48÷3＝

24÷3＝　　　　72÷4＝

你做对了吗？____________，错误在什么地方________________

第4天

完成时间________分钟，做对________题。

评星(根据所做的结果及时间评星，最高为五星。)

☆☆☆☆☆

96÷2=	42÷7=
72÷2=	22÷2=
44÷2=	50÷2=
84÷3=	30÷5=
56÷4=	26÷2=
24÷2=	78÷3=

你做对了吗？____________，错误在什么地方________________

第5天

完成时间________分钟，做对________题。

评星(根据所做的结果及时间评星，最高为五星。)

☆ ☆ ☆ ☆ ☆

$96 \div 6 =$　　　　$84 \div 7 =$

$68 \div 4 =$　　　　$80 \div 2 =$

$84 \div 2 =$　　　　$20 \div 5 =$

$35 \div 7 =$　　　　$88 \div 4 =$

$70 \div 5 =$　　　　$30 \div 3 =$

$76 \div 4 =$　　　　$78 \div 3 =$

你做对了吗？____________，错误在什么地方________________

第6天

完成时间________分钟，做对________题。

评星(根据所做的结果及时间评星，最高为五星。)

☆ ☆ ☆ ☆ ☆

90÷5＝	54÷3＝
72÷6＝	42÷3＝
84÷2＝	82÷2＝
42÷7＝	72÷2＝
74÷2＝	48÷3＝
40÷5＝	51÷3＝

你做对了吗？____________，错误在什么地方________________

第7天

完成时间________分钟，做对________题。

评星(根据所做的结果及时间评星，最高为五星。)

☆☆☆☆☆

30÷2=	20÷5=
58÷2=	81÷3=
56÷8=	70÷7=
64÷8=	38÷2=
84÷6=	60÷2=
28÷7=	90÷3=

你做对了吗？____________，错误在什么地方________________

本周小结，对自己的评价是：

卓越( )　优秀( )　良好( )　合格( )　不合格( )

5.2　逻辑思维训练

1. 集市上有一个货架，上面摆着9个铁罐，每个铁罐上都标有一个数字。将铁罐三个一排地垒成三层，数字显示为8、10、7；10、7、9；7、9、8。每位参赛者只可以打三枪，每枪只能将一个铁罐打落，如果一枪打落了两个或两个以上的铁罐，那么就算失败了。比赛者打掉第一个铁罐后，他所得的分数就是这个被打掉的铁罐上的数字；比赛者打掉第二个铁罐后，那个被打掉的第二只铁罐上的数字的2倍就是他得到的分数；比赛者打掉第三个铁罐后，那个被打掉的第三只铁罐上的数字的3倍即是他得到的分数；三枪所得的分数之和必须正好为50，一分不多，一分不少，这样才能得到奖项。

请问，比赛者应该打落哪三个铁罐？又必须根据什么顺序来打呢？

【答案】

想要让三枪得分的总和为50分，只有一个办法，就是首先打落右边的7号罐，然后再打落最左边的8号罐，最后再打落最右边已经露在上面的9号罐。第一枪为7分，第二枪为$8\times2=16$分，第三枪为$9\times3=27$分。这样加起来就是50分了。

2. 一天在数学课上，老师想检查同学们的创新能力和思维能力。他设计了一个心理游戏，具体规则是这样的：他把3张牌正面朝下并排放置，同时给出了一个线索：有一张牌为3，它在5牌的右边，在一张黑桃牌的右边，有一张方片牌；在一张红桃牌的左边，有一张K牌；黑桃牌的左边，是一张红桃牌。

通过以上的线索，你能猜出每一张牌是什么吗？

【答案】

准备好纸与笔，可根据给定的数字线索推出每张牌的具体位置，得出5

牌在3牌的左边，K牌在5牌的左侧，再根据图案信息推出每个图案对应的具体数字牌，这样就可以得出三张牌的具体信息，从左到右依次是：方片K、红桃5、黑桃3。

5.3　应用题训练

1. 小锦家从 2024 年 1 月到 6 月共用了 1200 千瓦时的电，请问小锦家平均每个月用多少电？

2. 亚楠 9 月份需要 150 元的钱买早点，请问她平均每天需要多少元的早点钱？

3. 小花上学，需要骑自行车。从家到学校，需要骑行 20 分钟；从学校到家，需要骑行 18 分钟，如果每天小花家到学校间只走一次，请问小花每天需要多长时间在路上？

5.4 本周思维拓展

1. 某药店运来消毒液的数量比酒精多 800 箱，已知消毒液的箱数是酒精的 5 倍。药盒店运来的消毒液和酒精各多少箱？

2. 毅毅的图书比慧慧的多 8 本，毅毅的图书本数是慧慧的 3 倍。毅毅和慧慧的图书各有几本？

3. 民西路小学购买的足球是排球的 3 倍还多 3 个，足球比排球多 17 个，足球与排球各买了多少个？

*4. 在一次数学测验中共 2 道题，全班 36 人中做对第 1 道题的有 21 人，做对第 2 道题的有 18 人，每人至少做对一道题。两道题都做对的有几人？

6 第6周

6.1 每日一练

每天12道题，用时不超过5分钟为“卓越”，10分钟内为“合格”。

第1天

完成时间________分钟，做对________题。

评星(根据所做的结果及时间评星，最高为五星。)

☆ ☆ ☆ ☆ ☆

36+32÷4＝	32÷4+37＝
73+56÷7＝	36+28÷2＝
5+75÷5＝	72÷3+47＝
52+87÷3＝	70÷7+25＝
15+54÷3＝	30÷3+3＝
82+36÷6＝	31+38÷2＝

你做对了吗？____________，错误在什么地方________________

第2天

完成时间________分钟，做对________题。

评星(根据所做的结果及时间评星，最高为五星。)

☆☆☆☆☆

43+84÷4=　　　　60÷5+66=

84÷7+87=　　　　60+70÷2=

50÷2+18=　　　　71+60÷3=

77+80÷4=　　　　62÷2+71=

49+24÷6=　　　　80÷5+87=

78+50÷5=　　　　48+40÷4=

你做对了吗？____________，错误在什么地方________________

第3天

完成时间________分钟，做对________题。

评星(根据所做的结果及时间评星，最高为五星。)

☆☆☆☆☆

31+69÷3=	66÷3+64=
84÷7+87=	85+36÷4=
66÷3+64=	65+36÷2=
16+52÷2=	56÷8+29=
49+56÷4=	48÷3+90=
24÷3+59=	7+72÷4=

你做对了吗？____________，错误在什么地方________________

第4天

完成时间________分钟，做对________题。

评星(根据所做的结果及时间评星，最高为五星。)

☆☆☆☆☆

53+24÷8=　　　　64÷4+34=

64÷4+54=　　　　21+80÷4=

44÷2+87=　　　　41+50÷2=

19+84÷3=　　　　30÷5+27=

49+56÷4=　　　　26÷2+23=

24÷8+59=　　　　37+78÷3=

你做对了吗？____________，错误在什么地方________________

第5天

完成时间________分钟，做对________题。

评星(根据所做的结果及时间评星，最高为五星。)

☆ ☆ ☆ ☆ ☆

14+76÷2=	60÷4+34=
28÷7+86=	80÷2+88=
84÷2+74=	52+20÷5=
31+35÷7=	88÷4+57=
29+65÷5=	30÷6+76=
76÷4+66=	37+78÷3=

你做对了吗？____________，错误在什么地方________________

第6天

完成时间________分钟，做对________题。

评星(根据所做的结果及时间评星，最高为五星。)

☆ ☆ ☆ ☆ ☆

$41+90\div5=$　　　　$25\div5+53=$

$72\div6+27=$　　　　$36+42\div3=$

$84\div2+74=$　　　　$57+82\div2=$

$23+42\div7=$　　　　$83+72\div2=$

$32+74\div2=$　　　　$86+48\div6=$

$61+40\div5=$　　　　$26+21\div3=$

你做对了吗？____________，错误在什么地方________________

第7天

完成时间________分钟，做对________题。

评星(根据所做的结果及时间评星，最高为五星。)

☆ ☆ ☆ ☆ ☆

70+30÷2=

81+20÷5=

57+58÷2=

20+81÷3=

56÷8+52=

84+70÷7=

69+64÷8=

30÷2+14=

31+84÷6=

71+60÷2=

28÷7+53=

72+21÷3=

你做对了吗？____________，错误在什么地方________________

本周小结，对自己的评价是：

卓越(　) 优秀(　) 良好(　) 合格(　) 不合格(　)

6.2 逻辑思维训练

1. 超市中的理货员要进入仓库去取货，可是进门前却得到仓库管理员的警示：仓库里有易挥发的物品，所以要尽量保持封闭的状态，仓库的门只能打开一次。这个仓库内有 3 盏灯，仓库外有三个开关 A、B、C，分别控制仓库内的 3 盏灯。在仓库外看不见仓库内的情况下，你只能进门一次，用什么方法来区分哪个开关控制哪盏灯呢？

【答案】

第一步：打开开关 A，5 分钟后关闭开关 A；第二步：打开开关 B；第三步：进入仓库，开关 B 控制的是亮着的灯，用手去摸不亮的灯，发热的是开关 A 控制的灯，不发热的是开关 C 控制的灯。

2. 某个星期日，小明在学校的篮球场上打篮球，下午 5 点钟，妈妈来到学校接他回家。在路上，他们遇到了一个卖鸭梨的老妇人，梨十分便宜，妈妈决定买 5 个鸭梨回去。于是老奶奶称了鸭梨的重量，将钱收好后，便把梨放入食品袋中递给了小明的妈妈。然而没走多远，由于重量过大，袋子不小心裂开了，5 个鸭梨全部都掉到了地上。这可如何是好？妈妈身上没有带皮包，难道要把几个鸭梨抱着拿回去吗？在这个时候，小明想出了一个好方法，无须花费任何气力就可以把鸭梨带回家了。

【答案】

把篮球里的气放掉，将球的其中一面压瘪，使球成为一个碗形。然后把鸭梨放在上面就可以了。

3. 甲、乙、丙、丁、张、王、李、赵八个人参加了一场市区举办的800米竞赛。比赛结果是：王的名次为甲、丙名次的中间数；甲比丙跑得快；李第四名；王比张高4个名次；乙、丙、丁三个人中乙最快，丁最慢，但不是最后一名。通过以上给出的条件，你能推断出比赛中八个人的排名吗？

【答案】

甲为第一名，乙为第二名，王为第三名，李为第四名，丙为第五名，丁为第六名，张为第七名，赵为第八名。

6.3 应用题训练

1. 李奶奶在 8 月中回收了各种瓶子 406 个，9 月回收了 715 个，问李奶奶这两个月回收的瓶子一共有多少个？

2. 做一个气球门需要用 800 个大气球，现在已经用去了 500 个，弄坏了 15 个，现在还剩 289 个，请问能把气球门做好吗？

3. 铁蛋家安装水管，先买了 5 米长的水管 20 根，用完后又买了同样的 16 根，正好安装成功，请问铁蛋家一共买了多米的水管？

6.4 本周思维拓展

1. 兄弟俩的饼干数一样多，如果哥哥吃好掉了8块，弟弟吃掉了4块后，弟弟剩下的饼干数是哥哥的5倍。问：兄弟俩原来各有饼干多少块？

2. 平平和敏敏两个人的作业本一样多，如果平平用去6本，敏敏用去2本后，敏敏剩下的作业本数是平平的2倍。求平平与敏敏原来各有多少本作业本？

3. 学校图书馆里的科技书是故事书的3倍，借走60本科技书后，又买来20本故事书，这时两种书的数量相同，图书馆原来有故事书和科技书各多少本？

*4. 小丽因生病没有参加期中英语考试，班上其他同学的英语平均成绩是96分，小丽补考的成绩是66分，加上小丽的成绩后，全班同学的英语平均成绩是95分。全班共有多少个学生？

7　第7周

7.1　每日一练

每天12道题，用时不超过5分钟为“卓越”，10分钟内为“合格”。

第1天

完成时间________分钟，做对________题。

评星(根据所做的结果及时间评星，最高为五星。)

☆☆☆☆☆

72−35÷5＝	44÷2−7＝
57−72÷9＝	79−24÷4＝
50−60÷4＝	60÷2−5＝
81−88÷4＝	84−64÷4＝
90−44÷2＝	28−30÷3＝
72÷4−3＝	74−48÷3＝

你做对了吗？____________，错误在什么地方________________

第2天

完成时间________分钟，做对________题。

评星(根据所做的结果及时间评星，最高为五星。)

☆ ☆ ☆ ☆ ☆

$16-27\div9=$　　$77-63\div3=$

$36-80\div8=$　　$57-24\div4=$

$61-72\div6=$　　$74-36\div3=$

$47-70\div2=$　　$38-24\div8=$

$77-80\div8=$　　$54-39\div3=$

$20-24\div3=$　　$27-45\div5=$

你做对了吗？____________，错误在什么地方________________

第3天

完成时间________分钟，做对________题。

评星(根据所做的结果及时间评星，最高为五星。)

☆☆☆☆☆

$62-46\div2=$　　　　$38-30\div3=$

$60-66\div2=$　　　　$55-92\div2=$

$58-68\div4=$　　　　$58-69\div3=$

$90\div6-4=$　　　　$27-90\div9=$

$11-40\div8=$　　　　$57-57\div3=$

$32-36\div2=$　　　　$76-84\div3=$

你做对了吗？__________，错误在什么地方______________

第4天

完成时间________分钟，做对________题。

评星(根据所做的结果及时间评星，最高为五星。)

☆ ☆ ☆ ☆ ☆

$49-30\div6=$　　　　$28-24\div3=$

$85-48\div3=$　　　　$84\div2-26=$

$79-78\div2=$　　　　$69-90\div3=$

$88-90\div9=$　　　　$70-24\div8=$

$96\div4-21=$　　　　$45-54\div6=$

$74-84\div2=$　　　　$66-45\div5=$

你做对了吗？____________，错误在什么地方________________

第 5 天

完成时间________分钟，做对________题。

评星（根据所做的结果及时间评星，最高为五星。）

☆ ☆ ☆ ☆ ☆

72÷4−4＝

41−80÷4＝

48−82÷2＝

32−32÷4＝

35−60÷4＝

27−54÷3＝

75÷3−2＝

70−24÷8＝

70÷2−21＝

80÷2−26＝

73−5÷9＝

56−63÷3＝

你做对了吗？____________，错误在什么地方________________

第6天

完成时间________分钟，做对________题。

评星(根据所做的结果及时间评星，最高为五星。)

☆☆☆☆☆

$43-51\div3=$　　　　$70-22\div2=$

$74-54\div3=$　　　　$47-87\div3=$

$89-87\div3=$　　　　$48\div3-10=$

$70\div2-10=$　　　　$48-84\div2=$

$75-25\div5=$　　　　$72\div2-15=$

$49-34\div2=$　　　　$64-40\div5=$

你做对了吗？____________，错误在什么地方________________

第7天

完成时间________分钟，做对________题。

评星(根据所做的结果及时间评星，最高为五星。)

☆ ☆ ☆ ☆ ☆

$51-72\div3=$　　　　$80-78\div6=$

$57-60\div3=$　　　　$34-56\div8=$

$70-34\div2=$　　　　$26\div2-12=$

$20-77\div7=$　　　　$88\div2-24=$

$87-40\div2=$　　　　$71-24\div6=$

$78-84\div2=$　　　　$17-30\div6=$

你做对了吗？____________，错误在什么地方________________

本周小结，对自己的评价是：

卓越(　)　　优秀(　)　　良好(　)　　合格(　)　　不合格(　)

7.2 逻辑思维训练

1. 李达对数学很感兴趣，有一次，他从妈妈那里学了一招“神奇的圆板”。来到同学刘杰家后，李达拿出了一块纸做的圆板，然后便随意在上面画出了一条直线，圆板被分成了两块。接着，李达又画了一条与第一条直线相交的直线，圆板被分成了四块。然后，李达又进行第三次同样的操作，圆板最终被分成了7块。李达告诉刘杰：“你看，每次切割所增加的块数，总和切割的次数相等，比如第二次切割之后，增加了两块，而第三次切割之后，增加了三块。”刘杰越看越糊涂了，一时无法明白其中的道理。请问，每次切割所增加的块数为何总是与切割的次数相等？

【答案】

为了将这个问题说清楚，我们以第三次的切割为例。第三条切割线与前两条直线相交，那两条直线就将第三条线分成了三条线段，这个时候，三条线段中的每一条都会将圆板上的某一块一分为二，每一条线段都会使圆板增加一块，三条线段则会使圆板增加三块。

2. 有一天，在数学课上，数学老师出了一道题目：有三个朋友出去旅游，甲带了5块面包，乙带了4块面包，丙没有带面包。最后三个人却吃了一样多的面包。后来，丙从自己的钱包里面拿出了9元钱，让甲、乙两个人分，他们各应分到多少钱？一些学生立即举手回答：“4.5元。”老师摇了摇头，让同学们再细心思考一番。同学们有些疑惑不解了。请问甲、乙两人应该怎样分配这9元钱？

【答案】

三人一共带了9个面包，甲、乙、丙每人吃了3个。也就是说：甲给了丙2个，乙给了丙1个，所以丙拿出的9元钱中，应该给甲6元，给乙3元。

7.3 应用题训练

1. 一根铅笔用去了 8 厘米，还剩下 14 厘米，这根铅笔原来有多少厘米长？

2. 一根木头长 4 米，锯了 3 次，可以锯成多少段？平均每段有多长？

3. 学校的跑道长为 300 米，小云跑了整整 11 圈，问：小云一共跑了多少千米？

7.4 本周思维拓展

1. 今年姐姐和弟弟的年龄加起来是41岁，5年后，姐姐比弟弟大5岁。问：今年姐姐和弟弟各多少岁？

2. 今年兄弟两个的年龄和是22岁，3年后，哥哥比弟弟大6岁，今年兄弟俩人各多少岁？

3. 四个人的年龄之和为88岁，其中最小的人是12岁，他与最大的人的年龄之和比另外两人的年龄之和大10岁。最大的人是多少岁？

*4. 三年级的同学们排成正方形队列做操，慧慧的位置无论从前数还是从后数，从左数还是从右数都是第5个。请问三年级有多少位同学在做操？

8　第8周

8.1　每日一练

每天12道题，用时不超过5分钟为“卓越”，10分钟内为“合格”。

第1天

完成时间________分钟，做对________题。

评星(根据所做的结果及时间评星，最高为五星。)

☆ ☆ ☆ ☆ ☆

$72+66\div2=$	$58-77\div7=$
$89-36\div6=$	$89+36\div4=$
$45\div5+21=$	$47-66\div2=$
$41+48\div2=$	$56\div8+44=$
$64\div8+47=$	$68\div4-7=$
$69-84\div7=$	$46-50\div2=$

你做对了吗？____________，错误在什么地方________________

第2天

完成时间________分钟，做对________题。

评星(根据所做的结果及时间评星，最高为五星。)

☆☆☆☆☆

56÷8+14=	77÷7+66=
51÷3−10=	30÷6+21=
44−45÷5=	22−45÷3=
84÷4+39=	81−48÷8=
38−20÷5=	17−81÷9=
19−24÷4=	90−50÷2=

你做对了吗？____________，错误在什么地方________________

第3天

完成时间________分钟，做对________题。

评星(根据所做的结果及时间评星，最高为五星。)

☆☆☆☆☆

$36+26\div2=$

$72\div3+17=$

$78-44\div4=$

$39-48\div4=$

$71-63\div3=$

$70-27\div9=$

$61-90\div2=$

$52-44\div4=$

$80-28\div4=$

$38-50\div2=$

$29-80\div4=$

$40\div5+87=$

你做对了吗？____________，错误在什么地方________________

第4天

完成时间________分钟，做对________题。

评星(根据所做的结果及时间评星，最高为五星。)

☆ ☆ ☆ ☆ ☆

85−40÷8＝	77÷7+23＝
49−28÷2＝	56−20÷5＝
65+81÷3＝	86÷2−31＝
69−56÷4＝	22÷2+21＝
68÷4+48＝	69−72÷3＝
84−45÷3＝	48÷6+45＝

你做对了吗？____________，错误在什么地方________________

第 5 天

完成时间________分钟，做对________题。

评星（根据所做的结果及时间评星，最高为五星。）

☆ ☆ ☆ ☆ ☆

$79+40\div 8=$ $69-24\div 8=$

$30-63\div 9=$ $92\div 2-32=$

$65-81\div 3=$ $90-26=$

$58-84\div 6=$ $62\div 2-21=$

$13+25\div 5=$ $55-48\div 3=$

$72\div 2+63=$ $2+54\div 3=$

你做对了吗？____________，错误在什么地方________________

第6天

完成时间________分钟，做对________题。

评星(根据所做的结果及时间评星，最高为五星。)

☆ ☆ ☆ ☆ ☆

90÷6−6 =	72÷6+6 =
24+45÷5 =	52−74÷2 =
66−90÷5 =	72÷2−13 =
79+54÷6 =	58÷2+72 =
76÷4−12 =	42−66÷6 =
43+63÷9 =	20÷2+77 =

你做对了吗？____________，错误在什么地方________________

第7天

完成时间________分钟，做对________题。

评星（根据所做的结果及时间评星，最高为五星。）

☆☆☆☆☆

14+74÷2=　　　　66÷6+52=

76÷2+33=　　　　32÷4+36=

55+32÷4=　　　　84÷4−6=

65−28÷2=　　　　42−50÷5=

85−72÷3=　　　　49−78÷3=

30÷5+75=　　　　53−90÷5=

你做对了吗？____________，错误在什么地方________________

本周小结，对自己的评价是：

卓越（　）　优秀（　）　良好（　）　合格（　）　不合格（　）

8.2 逻辑思维训练

1. 现有2个空水壶，容积分别为5升和6升。如何只用这2个水壶取得3升的水？

【答案】

先用6升的水壶取6升水，然后从6升壶往5升壶倒满水，那么6升壶还剩下1升水，把5升壶的水倒光，再把6升壶里的1升水倒入5升壶里，再把6升壶取满水，往5升壶里倒水，倒满时，6升壶里还剩下2升水。把5升壶的水倒光，再把6升壶里的2升水倒入5升壶里。用6升壶取满水，往5升壶里倒水，倒满时，共往5升壶里倒了3升水，6升壶里还剩下3升水，这样就得到了3升的水。

2. 凯莉是一个非常聪明的女孩，经常得到老师和学生的好评。有一天，爷爷给凯莉和他的兄弟姐妹们买了几架玩具飞机，几个小家伙全都希望要最大的那个。在这个时候，爷爷说："嗯，我有一根绳子，倘若谁能把绳子从中间剪开，但还是一条完整的绳子，我就给她最大的飞机。这样做公平吧？"这一来，小家伙们都不闹了，都拼命去想办法。但最终，只有凯莉找到了正确的方法。请问凯莉是怎么做的？

【答案】

只需要将绳线的两端系起来使其成为一个圈，然后随便从一地方剪开，绳子仍旧是一条。

8.3 应用题训练

1. 欣欣骑自行车从学校出发回家，骑1千米用去6分钟，按这样的速度，欣欣到家共用去了24分钟，那欣欣家到学校有多少千米？

2. 李冬想去看电影，她现在在少年宫，学校在少年宫与电影院中间，少年宫离学校有3000米，电影院离学校有4000米，李冬需要走多少米才可以从少年宫到电影院？

3. 有5吨面粉，第一天卖出去500千克，第二天卖出去800千克，第三天卖出去700千克，还余下多少千克面粉？约合多少吨？

8.4 本周思维拓展

1. 爷爷今年 55 岁，孙女今年 4 岁。多少年后爷爷的年龄是孙女的 4 倍？

2. 韩梅今年 12 岁，她的爸爸今年 42 岁。韩梅多少岁时，爸爸的年龄正好是韩梅的 3 倍？

3. 妈妈今年 67 岁，儿子今年 43 岁。多少年前妈妈的年龄是儿子的年龄的 4 倍？

*4. 小毅做减法时，把被减数十位上的 9 抄成了 6，结果得数为 27，正确的得数应该是多少？

9　第9周

9.1　每日一练

每天12道题，用时不超过5分钟为“卓越”，10分钟内为“合格”。

第1天

完成时间________分钟，做对________题。

评星(根据所做的结果及时间评星，最高为五星。)

☆☆☆☆☆

21+(67−54)=	65−(19+42)=
45−(25+15)=	27+(51+81)=
59+(83−73)=	58+(29−15)=
33+(47+67)=	65+(18−10)=
81+(26−15)=	42+(79+16)=
90+(55+64)=	82+(43+12)=

你做对了吗？____________，错误在什么地方________________

第2天

完成时间________分钟，做对________题。

评星(根据所做的结果及时间评星，最高为五星。)

☆☆☆☆☆

46+(83+55)=   13+(75+57)=

78+(15+65)=   84+(49-34)=

30+(63-42)=   90+(90+50)=

42+(32+66)=   74+(83+18)=

67-(73-42)=   37-(60-55)=

61-(54-28)=   66+(12+61)=

你做对了吗？____________，错误在什么地方________________

第3天

完成时间________分钟，做对________题。

评星(根据所做的结果及时间评星，最高为五星。)

☆☆☆☆☆

61+(26+31)=　　　　57+(72−44)=

16+(30+68)=　　　　55+(24+61)=

89+(76+88)=　　　　66+(82−44)=

29+(34+73)=　　　　76+(51+55)=

57+(88−37)=　　　　57+(46+56)=

14+(49+20)=　　　　57+(78−23)=

你做对了吗？____________，错误在什么地方________________

第 4 天

完成时间________分钟，做对________题。

评星(根据所做的结果及时间评星，最高为五星。)

☆ ☆ ☆ ☆ ☆

56+(39−32)=　　　　82+(14+84)=

79+(65+16)=　　　　65+(75−55)=

44+(11+72)=　　　　26−(73−64)=

25−(80−63)=　　　　10+(57+67)=

20+(63+12)=　　　　65+(81−51)=

28+(78−56)=　　　　13+(34+52)=

你做对了吗？____________，错误在什么地方________________

第5天

完成时间________分钟，做对________题。

评星(根据所做的结果及时间评星，最高为五星。)

☆☆☆☆☆

14+(56+17)=　　34+(35+67)=

54+(53+49)=　　50+(16+48)=

58+(62-27)=　　84-(51-34)=

62+(89+74)=　　38+(70+17)=

31+(73+60)=　　12+(48-13)=

39-(21-18)=　　49+(23+24)=

你做对了吗？____________，错误在什么地方________________

第6天

完成时间________分钟，做对________题。

评星(根据所做的结果及时间评星，最高为五星。)

☆ ☆ ☆ ☆ ☆

18+(54−33)=　　　　51−(63−34)=

52+(69−22)=　　　　71+(56−41)=

64+(70+48)=　　　　86−(15+36)=

18+(28+10)=　　　　73−(51−20)=

39+(58+29)=　　　　77+(59−22)=

35+(67−13)=　　　　80+(38+22)=

你做对了吗？____________，错误在什么地方________________

第 7 天

完成时间________分钟，做对________题。

评星（根据所做的结果及时间评星，最高为五星。）

☆ ☆ ☆ ☆ ☆

11+(89−82)=　　　　90+(88+75)=

78+(72−46)=　　　　83−(81−36)=

47+(61−33)=　　　　46+(42+34)=

71−(72−41)=　　　　14+(84−13)=

57+(35+43)=　　　　85+(26+21)=

38+(19+77)=　　　　44+(49−13)=

你做对了吗？____________，错误在什么地方________________

本周小结，对自己的评价是：

卓越（ ）　优秀（ ）　良好（ ）　合格（ ）　不合格（ ）

9.2 逻辑思维训练

1. 有一个人下午必须出差，于是他连忙给他的儿子打电话，让儿子为他买一些出差所需要的东西，他在电话中对儿子说，在桌子上有一个信封，里面有一些钱。儿子来到桌子边，找到了那个装钱的信封，上面写着一个数字98，儿子便拿着这些钱来到了超市，最终选了90元钱的东西。当他准备付钱的时候，居然发现信封里面只有86元钱，根本不够90元。这究竟是怎么一回事呢？钱怎么会少了呢？

【答案】

儿子看反了信封上的数字，实际上信封上写的是86元，所以如果儿子要买90元钱的东西，发现钱不够，还少了4元。

2. 某公司共有210名员工，分为4个组，甲组比丁组多10人。现从乙组中派20人到丙组，其余人全去丁组，此时，甲、丙、丁组人数比为3：3：4，则乙组原来有多少人？

【答案】

甲、丙、丁组人数比为3：3：4，而3+3+4=10，210÷10=21，甲组有21×3=63人，丁组原来有63−10=53人，丁组现在有21×4=84人，所以从乙组到了丁组84−53=31人，乙组原来有31+20=51人。

9.3 应用题训练

1. 一辆拖拉机，载重为 4 吨，现在需运一批水果，这批水果每箱重 250 千克，共有 9 大箱，问一次可以运完吗？

2. 张爷爷做一个绳网需要用 2 米的绳子，现在有总长 90 米绳子，要做 35 个绳网，问还能剩多少米绳子？

3. 有 64 吨水泥，用拖拉机运输，每次能运 3 吨，用汽车运输，每次能运 5 吨，现在一台拖拉机和一辆汽车一起运输，需要几次才能运完？

9.4 本周思维拓展

1. 6 年前，母亲的年龄是儿子的 5 倍，今年，母子年龄和是 66 岁。母亲今年是多少岁？

2. 今年爷爷和孙子的年龄和是 106 岁，5 年后爷爷的年龄是孙子年龄的 3 倍。问今年爷爷和孙子各多少岁？

3. 姐姐与妹妹 4 年后的年龄和是 29 岁，妹妹今年的年龄正好等于两人的年龄差。姐姐和妹妹今年各是多少岁？

*4. 一根铁丝，围成正方形时的边长是 10 分米，把它改围成长是 15 分米的长方形，这个长方形的宽是多少分米？

10　第10周

10.1　每日一练

每天12道题，用时不超过5分钟为“卓越”，10分钟内为“合格”。

第1天

完成时间________分钟，做对________题。

评星(根据所做的结果及时间评星，最高为五星。)

☆ ☆ ☆ ☆ ☆

$(35+10)\div 9=$	$(19+69)\div 8=$
$(80-53)\div 9=$	$(82-62)\div 2=$
$(54+26)\div 5=$	$(10+62)\div 2=$
$(13+68)\div 3=$	$(29+61)\div 9=$
$(62-47)\div 3=$	$(86-48)\div 2=$
$(23+25)\div 2=$	$(82-34)\div 4=$

你做对了吗？____________，错误在什么地方________________

第2天

完成时间________分钟，做对________题。

评星(根据所做的结果及时间评星，最高为五星。)

☆☆☆☆☆

(85−15)÷5=　　　　(47+33)÷4=

(79−47)÷4=　　　　(52−13)÷3=

(65+19)÷7=　　　　(70−60)÷2=

(88−68)÷4=　　　　(25+63)÷4=

(68−32)÷2=　　　　(49+15)÷8=

(71+10)÷9=　　　　(68−47)÷3=

你做对了吗？____________，错误在什么地方________________

第3天

完成时间________分钟，做对________题。

评星(根据所做的结果及时间评星，最高为五星。)

☆☆☆☆☆

$(18+22)\div4=$	$(22+24)\div2=$
$(21+15)\div2=$	$(55-25)\div2=$
$(27+69)\div2=$	$(87-54)\div3=$
$(39+29)\div2=$	$(47-21)\div2=$
$(54-26)\div2=$	$(10+60)\div5=$
$(49+23)\div3=$	$(18+27)\div3=$

你做对了吗？____________，错误在什么地方________________

第 4 天

完成时间________分钟，做对________题。

评星(根据所做的结果及时间评星，最高为五星。)

☆ ☆ ☆ ☆ ☆

(54+11)÷5=　　(68−22)÷2=

(26+65)÷7=　　(27+72)÷9=

(74+22)÷8=　　(68+16)÷3=

(23+73)÷8=　　(42−32)÷2=

(46−10)÷2=　　(27+47)÷2=

(12+68)÷8=　　(44+31)÷3=

你做对了吗？____________，错误在什么地方________________

第5天

完成时间________分钟，做对________题。

评星(根据所做的结果及时间评星，最高为五星。)

☆ ☆ ☆ ☆ ☆

(20+28)÷2=　　　　(74+16)÷2=

(57−27)÷6=　　　　(90−41)÷7=

(75−57)÷2=　　　　(36+48)÷3=

(88−16)÷8=　　　　(10+34)÷2=

(21+51)÷4=　　　　(62−27)÷7=

(83−21)÷2=　　　　(80−52)÷4=

你做对了吗？____________，错误在什么地方________________

第6天

完成时间________分钟，做对________题。

评星(根据所做的结果及时间评星，最高为五星。)

☆ ☆ ☆ ☆ ☆

(20+28)÷2=　　　　(57−27)÷6=

(75−57)÷2=　　　　(88−16)÷8=

(21+51)÷4=　　　　(83−21)÷2=

(74+16)÷2=　　　　(90−41)÷7=

(32+49)÷3=　　　　(10+34)÷2=

(62−27)÷7=　　　　(80−52)÷4=

你做对了吗？____________，错误在什么地方________________

第7天

完成时间________分钟，做对________题。

评星(根据所做的结果及时间评星，最高为五星。)

☆☆☆☆☆

(15+69)÷7=　　　　(17+32)÷7=

(72+20)÷4=　　　　(66−51)÷3=

(44+24)÷2=　　　　(84−74)÷2=

(15+54)÷3=　　　　(63−49)÷2=

(35+51)÷2=　　　　(14+82)÷3=

(71+13)÷2=　　　　(19+44)÷7=

你做对了吗？____________，错误在什么地方________________

本周小结，对自己的评价是：

卓越(　)　优秀(　)　良好(　)　合格(　)　不合格(　)

10.2 逻辑思维训练

1. 有三姐妹，她们拥有3个并排而不相通的衣柜，在每个衣柜上，都放有两把钥匙。在日常生活中，三姐妹都喜欢穿彼此的衣服，那么请问，怎样对衣柜的钥匙进行安排，才能保证三姐妹随时都可以将每个衣柜打开？

【答案】

可以将数字1、2、3分别标在三个衣柜上，三姐妹各拿一个衣柜的钥匙，再这样安排剩下的钥匙：衣柜1里面挂衣柜2的钥匙，衣柜2里面挂衣柜3的钥匙，衣柜3里面挂衣柜1的钥匙。这样一来，不管谁什么时想穿对方的衣服，就可以凭着自己手中掌握的一把钥匙将三个衣柜打开。

2. 四个人来到城里打工，由于工资不稳定，他们经常相互借钱，每个月月底再把账还清。这一个月里，他们相互借钱的情况如下：甲在乙那里借了10元钱，乙在丙那里借了20元，丙在丁那里借了30元，丁在甲那里借了40元。请问，他们还清彼此的欠款最少需要动用多少钱？

【答案】

只要乙、丙、丁每人给甲10元钱，就可以相互还清欠款了。

3. 有三个人，每个人都有一顶帽子戴在头上，在每个帽子上，都写有一个大于零的整数。在这三个人里面，每个人都不能看到自己头上的数字，只可以看见其他两位头上帽子的数字，但是有一点却是三个人都具备的，即三人的逻辑思维都很强，总是可以做出正确的判断，并且三个人说的话都是真的。

现在，三个人都知道两件事：其中有一个数字是其他两个数字的和，只有一个数字是另一个数字的3倍。然后，我们就可以向三个人提问题了。

首先向甲提问：你知道自己头上是什么数字吗？

甲回答："不知道。"

然后向乙提问：你知道自己头上是什么数字吗？

乙回答："不知道。"

接着再向丙提问：你知道自己头上是什么数字吗？

"不知道。"丙回答。

又向甲进行第二次提问：你知道自己头上是什么数字吗？

甲回答："我头上的数字是 20。"

请问，乙、丙头上的数字分别是多少？

【答案】

有 2 个答案，乙 = 5、丙 = 15；乙 = 15、丙 = 5。

10.3　应用题训练

1. 一个书包15元，一个笔盒8元，王老师买了1个书包，26个笔盒，一共花了多少元钱？

2. 源源一共有98元钱，一套书一共有7本，每本书售价为12元，源源买完这套书后还剩多少元钱？

3. 小光有34元钱，小明有60元钱，一个玩具35元钱，两人一人买一个玩具，一共还剩多少钱？

10.4 本周思维拓展

加减法快速计算：

1. 计算题：1125+136+275+1264=

2. 计算题：2453+1764+5471254+1236+1746=

3. 计算题：3972-(913-1028)=

4. 计算题：4996+(3800-96)-1900=

*5. 一段水渠全长 220 米，计划在这段水渠的一侧等距离地安装 24 块宽为 1 米的宣传牌，已知两头的宣传牌距离水渠两端都是 6 米，求相邻两块宣传牌之间的距离。

11　第 11 周

11.1　每日一练

每天 12 道题，用时不超过 5 分钟为“卓越”，10 分钟内为“合格”。

第 1 天

完成时间________分钟，做对________题。

评星(根据所做的结果及时间评星，最高为五星。)

☆ ☆ ☆ ☆ ☆

247+153+538=	409+347+669=
639+398+228=	488+176+693=
858+819+754=	459+559+879=
236+353+383=	149+409+691=
456+125+470=	184+111+759=
801+182+771=	240+516+832=

你做对了吗？____________，错误在什么地方________________

第2天

完成时间________分钟，做对________题。

评星(根据所做的结果及时间评星，最高为五星。)

☆☆☆☆☆

780+611+865=

155+727+213=

776+862+439=

125+619+888=

148+181+627=

197+691+459=

203+434+550=

589+230+268=

432+829+240=

767+671+806=

754+186+122=

726+691+822=

你做对了吗？____________，错误在什么地方________________

第 3 天

完成时间________分钟，做对________题。

评星(根据所做的结果及时间评星，最高为五星。)

☆ ☆ ☆ ☆ ☆

472+472+546 =　　　　677+419+545 =

746+703+832 =　　　　105+516+765 =

859+123+451 =　　　　350+322+412 =

621+471+822 =　　　　115+270+758 =

715+760+614 =　　　　871+793+507 =

858+159+104 =　　　　115+773+104 =

你做对了吗？____________，错误在什么地方________________

第4天

完成时间________分钟，做对________题。

评星(根据所做的结果及时间评星，最高为五星。)

☆☆☆☆☆

636+676+304=

857+619+597=

693+187+390=

395+789+289=

314+278+354=

469+114+857=

108+383+401=

551+796+264=

823+875+368=

581+737+788=

340+276+171=

462+194+487=

你做对了吗？____________，错误在什么地方________________

第 5 天

完成时间________分钟，做对________题。

评星(根据所做的结果及时间评星，最高为五星。)

☆ ☆ ☆ ☆ ☆

475+825+291=　　　　746+699+408=

672+885+319=　　　　148+745+757=

574+546+240=　　　　113+181+374=

743+840+157=　　　　276+892+253=

829+304+315=　　　　762+577+335=

641+697+127=　　　　865+355+669=

你做对了吗？____________，错误在什么地方________________

第 6 天

完成时间________分钟，做对________题。

评星(根据所做的结果及时间评星，最高为五星。)

☆☆☆☆☆

275+122+792=	184+732+808=
144+676+665=	372+206+746=
815+699+463=	779+761+738=
302+206+463=	626+735+701=
306+195+721=	618+758+711=
475+164+234=	205+644+405=

你做对了吗？____________，错误在什么地方________________

第7天

完成时间________分钟，做对________题。

评星(根据所做的结果及时间评星，最高为五星。)

☆☆☆☆☆

331+769+622=　　　　101+823+260=

675+478+840=　　　　534+513+305=

105+887+514=　　　　629+881+832=

445+888+430=　　　　777+296+814=

178+748+740=　　　　695+430+850=

337+518+432=　　　　148+173+146=

你做对了吗？____________，错误在什么地方________________

本周小结，对自己的评价是：

卓越(　)　　优秀(　)　　良好(　)　　合格(　)　　不合格(　)

11.2 逻辑思维训练

1. 有 4 个人，他们的年龄分别是 41 岁、42 岁、43 岁、44 岁，他们中的两个正在讨论年龄的问题，无论谁说话，如果说的是关于比他年龄大的人的话都是假话，说比她年龄小的人的话都是真话。甲说："乙 43 岁。"丙说："甲不是 41 岁。"你知道他们都是多大了吗？

【答案】

甲是 42 岁，乙是 44 岁，丙是 43 岁，丁是 41 岁。如果丙说的话是假话，那么甲就是 41 岁，而甲又比丙年龄大，这是不可能的。所以丙说的是真话，也就是甲比丙小。如果甲说的是真的话，那么甲就是 44 岁，而甲又比丙小，出现了矛盾，所以甲说的假话。也就是乙大于甲，丙大于甲，而甲不是 41 岁，那么只有丁是 41 岁了，甲是 42 岁，乙不是 43 岁，那就是 44 岁了，剩下的丙就是 43 岁。

2. 小米是一个普通的小学生，在他家门前有一条 1 米宽的小河，他总是想不使用任何工具就跳过小河，然而每次尝试都以失败告终。之后有一天，小米没有使用任何工具或借助任何人的帮助，就成功地跳过了那条小河。请问小米是怎么做到的？

【答案】

小米长大了，他可以轻松地跳过河。

11.3 应用题训练

1. 爸爸给三个孩子都买了一辆自行车，三辆自行车的价格分别是：400元、768元、169元，他一共花了多少钱？

2. 小学生参加劳动实践，去果园帮孙奶奶捡苹果，上午捡了615个，下午捡了329个，小朋友们一共捡了多个苹果？

3. 一条裤子215元，一件上衣328元，一条围巾112元，小明各买了一件，一共花去多少元钱？

11.4　本周思维拓展

快速运算

1. 计算题：3987-(1987-2000)=

2. 计算题：4253-(253-158)=

3. 计算题：537-(543-163)-57=

4. 计算题：3998-(998-2000)+5600=

*5. 一段铁丝，甲用去了一半，乙用去剩下的一半，最后还剩下 20 米，这段铁丝原长多少米？

12　第 12 周

12.1　每日一练

每天 12 道题，用时不超过 5 分钟为“卓越”，10 分钟内为“合格”。

第 1 天

完成时间________分钟，做对________题。

评星(根据所做的结果及时间评星，最高为五星。)

☆ ☆ ☆ ☆ ☆

756−108−158＝	595−232−290＝
594−205−115＝	771−267−193＝
534−186−318＝	766−225−212＝
859−130−113＝	753−153−513＝
635−135−302＝	779−173−541＝
620−266−314＝	818−344−459＝

你做对了吗？____________，错误在什么地方________________

第 2 天

完成时间________分钟，做对________题。

评星(根据所做的结果及时间评星，最高为五星。)

☆☆☆☆☆

679−182−365 =　　　　790−480−270 =

553−205−172 =　　　　773−297−338 =

652−332−250 =　　　　693−280−350 =

688−184−383 =　　　　508−292−142 =

702−136−284 =　　　　697−419−204 =

737−541−124 =　　　　439−240−132 =

你做对了吗？____________，错误在什么地方________________

第3天

完成时间________分钟，做对________题。

评星（根据所做的结果及时间评星，最高为五星。）

☆ ☆ ☆ ☆ ☆

786−293−133＝	833−178−364＝
594−218−192＝	766−288−425＝
840−483−277＝	505−184−267＝
890−482−209＝	792−219−320＝
858−221−501＝	686−314−326＝
653−127−438＝	680−273−309＝

你做对了吗？____________，错误在什么地方________________

第 4 天

完成时间________分钟，做对________题。

评星(根据所做的结果及时间评星，最高为五星。)

☆ ☆ ☆ ☆ ☆

640−242−273 =　　　　692−317−365 =

867−243−310 =　　　　493−317−137 =

812−608−141 =　　　　604−121−252 =

619−225−226 =　　　　769−523−160 =

864−373−254 =　　　　626−156−388 =

630−432−133 =　　　　851−106−619 =

你做对了吗？____________，错误在什么地方________________

第5天

完成时间________分钟，做对________题。

评星(根据所做的结果及时间评星，最高为五星。)

☆ ☆ ☆ ☆ ☆

831－345－122＝

676－126－113＝

758－407－190＝

762－242－121＝

591－169－339＝

882－531－293＝

764－136－624＝

860－281－242＝

819－370－226＝

835－513－144＝

456－138－162＝

504－174－290＝

你做对了吗？____________，错误在什么地方________________

第6天

完成时间________分钟，做对________题。

评星(根据所做的结果及时间评星，最高为五星。)

☆☆☆☆☆

718−386−265=　　　　852−154−122=

869−145−680=　　　　705−129−397=

883−256−412=　　　　874−241−350=

673−334−282=　　　　768−102−308=

494−136−220=　　　　601−166−160=

871−454−305=　　　　813−361−387=

你做对了吗？____________，错误在什么地方________________

第 7 天

完成时间________分钟，做对________题。

评星(根据所做的结果及时间评星，最高为五星。)

☆ ☆ ☆ ☆ ☆

879−298−466 =　　　　635−187−276 =

578−200−375 =　　　　597−238−246 =

544−116−268 =　　　　877−500−227 =

741−535−100 =　　　　874−247−166 =

768−659−103 =　　　　881−662−196 =

501−203−213 =　　　　867−615−141 =

你做对了吗？____________，错误在什么地方________________

本周小结，对自己的评价是：

卓越(　)　　优秀(　)　　良好(　)　　合格(　)　　不合格(　)

12.2 逻辑思维训练

1. 小刚和小辉玩了 1 次石头剪刀布，其中 1 位赢了。小刚说：“我出的是石头，小辉输了。”小辉说：“如果小刚出的是石头，那我出的就是剪刀。”已知只有胜出者说的是真话，听到以上发言的小涛这样想：“如果小刚所言为真，小辉就不可能输。所以他说的话不会是真的。请问真正的胜出者是谁？

【答案】

小辉是胜出者。

2. 李明有 6 桶酒，容量分别为 30 升、32 升、36 升、38 升、40 升、62 升。其中 5 桶装的是葡萄酒，1 桶装的是啤酒。第一位顾客买走了 2 桶葡萄酒；第二位顾客买走的葡萄酒则是第一位顾客的 2 倍。

请问哪一个桶里装着啤酒？（酒是要整桶出售的）

【答案】

40 升的桶装着啤酒。

第一个顾客买走了一桶 30 升和一桶 36 升，一共是 66 升的葡萄酒。第二个顾客买了 132 升的葡萄酒，分别装在 32 升、38 升和 62 升的桶里！这样，现在只剩下 40 升的桶原封不动，因此，它肯定是装着啤酒。

3. 甲、乙、丙、丁 4 个人正在议论某歌唱家的年龄。

“她不会超过 25 岁。”甲说。

“她不会超过 30 岁。”乙说。

“她绝对在 35 岁以上。”丙说。

丁说：“她在 40 岁以下。”

其实这 4 个人中只有一个人说对了。

那么下列判断正确的是：A. 甲说得对；B. 她的年龄在 40 岁以上；C. 乙说得对；D. 她的年龄在 35~40 岁之间。

【答案】

B 选项正确。

如果甲说得对，那么丁说的也是对的，与题意不符。同理可排除 C 项。如果 D 项正确，那么丙和丁说的内容都应该正确，因此排除 D 项。

12.3 应用题训练

1. 一本书一共有 302 页，小娜已经看完 219 页，还有多页没有看完？

2. 超市进了一批洗手液，共 860 瓶，第一天卖出去 125 瓶，第二天卖出去 322 瓶，还剩多少瓶？

3. 一辆自行车原价是 580 元，现在每辆降价 172 元，现价是多少元？

12.4　本周思维拓展

快速计算

1. 计算题：199999+19999+1999+199+19+9

2. 计算题：99999+9999+999+99+9

3. 计算题：1996+1992+2000+2010+2004+1998

4. 计算题：19+299+3999+49999+599999

*5. 有一种植物每天长高2厘米，8天长到32厘米，请问它长到24厘米需要几天？

13　第 13 周

13.1　每日一练

每天 12 道题，用时不超过 5 分钟为“卓越”，10 分钟内为“合格”。

第 1 天

完成时间________分钟，做对________题。

评星(根据所做的结果及时间评星，最高为五星。)

☆ ☆ ☆ ☆ ☆

503+670−889 =	872+472+661 =
227+195+844 =	823−559+485 =
801+434+238 =	677+828+348 =
585+632−811 =	892−452−182 =
218+416−542 =	546+404+439 =
803−517+603 =	841+815−702 =

你做对了吗？____________，错误在什么地方________________

第2天

完成时间________分钟，做对________题。

评星(根据所做的结果及时间评星，最高为五星。)

☆☆☆☆☆

646−625+697 =　　　　805+534−176 =

601+353+198 =　　　　340+804−679 =

232+207+144 =　　　　406+255+330 =

724+157−318 =　　　　357+869+260 =

388+222+297 =　　　　469−113+778 =

800−193−589 =　　　　334−232+454 =

你做对了吗？____________，错误在什么地方________________

第3天

完成时间________分钟，做对________题。

评星(根据所做的结果及时间评星，最高为五星。)

☆☆☆☆☆

847－654＋203＝　　　　322＋868＋645＝

850－706＋283＝　　　　769＋461＋174＝

536＋854＋127＝　　　　458＋833－129＝

611－329＋470＝　　　　643－365－135＝

540＋547－735＝　　　　834＋344－572＝

501－246＋501＝　　　　480－184－101＝

你做对了吗？____________，错误在什么地方________________

第 4 天

完成时间________分钟，做对________题。

评星(根据所做的结果及时间评星，最高为五星。)

☆ ☆ ☆ ☆ ☆

257+593−405 =　　　　　　700−225−134 =

365+475−590 =　　　　　　212+885+560 =

359+178+263 =　　　　　　198−190+198 =

877+812−494 =　　　　　　710+352+594 =

112+565+100 =　　　　　　532+631−491 =

442−403+245 =　　　　　　711+385−175 =

你做对了吗？____________，错误在什么地方________________

第5天

完成时间________分钟，做对________题。

评星(根据所做的结果及时间评星，最高为五星。)

☆☆☆☆☆

416+315-553=　　　　798+482+141=

660+387+106=　　　　660+579+895=

787+875+236=　　　　795-287+382=

398+402+595=　　　　222+570-591=

318+745+654=　　　　172+768-469=

878+145-713=　　　　484-254+578=

你做对了吗？____________，错误在什么地方________________

第 6 天

完成时间________分钟，做对________题。

评星（根据所做的结果及时间评星，最高为五星。）

☆ ☆ ☆ ☆ ☆

278+589+376=　　　　314+257−523=

732−120−594=　　　　874+360+799=

458+787−759=　　　　621+798−732=

476+494−478=　　　　791+321−350=

566+639−638=　　　　842+864−866=

672+549−112=　　　　473+705+103=

你做对了吗？____________，错误在什么地方________________

第7天

完成时间________分钟，做对________题。

评星(根据所做的结果及时间评星，最高为五星。)

☆☆☆☆☆

838-607+881=　　　　891+289-138=

371+190+729=　　　　825+450+835=

726+771+297=　　　　105+442+554=

541+599-477=　　　　602+122+747=

269+806+745=　　　　408+565+368=

617+690+136=　　　　642+309+163=

你做对了吗？____________，错误在什么地方________________

本周小结，对自己的评价是：

卓越(　)　优秀(　)　良好(　)　合格(　)　不合格(　)

13.2 逻辑思维训练

1. 兔妈妈从超市里给3个小兔子亲亲、爱爱、贝贝买来了它们喜欢的食物(胡萝卜、面包、薯片、芹菜)。3位兔宝宝对兔妈妈分别如是说:

亲亲:爱爱最爱吃的不是芹菜,贝贝最爱吃的不是面包。

爱爱:亲亲最爱吃的不是面包,贝贝最爱吃的不是薯片。

贝贝:亲亲最爱吃的不是胡萝卜,爱爱最爱吃的不是薯片。

现在已知每个兔宝宝的话都有一半是真话,一半是假话。

请根据3位兔宝宝的话,推断它们喜欢吃的食物分别是什么。

【答案】

亲亲——胡萝卜;爱爱——芹菜;贝贝——薯片。

如果“爱爱最爱吃的不是芹菜”为真,“贝贝最爱吃的不是面包”为假,则贝贝最爱吃的就是面包,那么爱爱所说的“贝贝最爱吃的不是薯片”就是真话,而“亲亲最爱吃的不是面包”为假。

2. 有甲、乙、丙3只动物行走在森林里,其中至少有1只狼和1只狮子,狼总是说真话,狮子却有时说假话。

甲说:“乙是狼。”

乙说:“丙是狼。”

丙说:“这里只有1只狼。”

请问这3只动物分别是什么?

【答案】

甲为狮子,乙为狮子,丙为狼。

如果乙是狼,那么由其陈述得丙应该是狼,而此时丙的陈述又是假的,所以乙是狮子。由此,因为甲的陈述为假,所以甲是狮子。那么丙肯定就是狼了。

13.3 应用题训练

1. 小东身高是 138 厘米，小明身高是 136 厘米，小丽身高是 135 厘米，小强身高是 142 厘米，他们几个人中谁最高？谁最矮？最大的身高差是多少？

2. 阅览室共有图书 609 本，借出去 453 本，现在还剩下多少本图书？

3. 养猪厂卖小猪，上半月卖出 438 头，下半月比上半月少卖出 122 头，这个月一共卖出多少头？

13.4 本周思维拓展

1. 下图中一共有________条线段。

2. 下图中一共有________条线段。

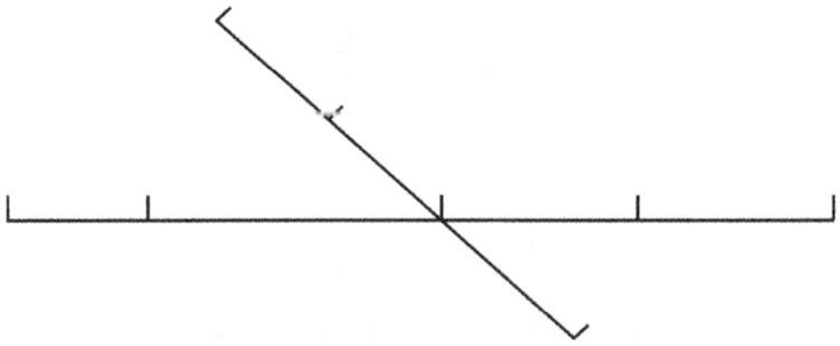

3. 下图中一共有________条线段。

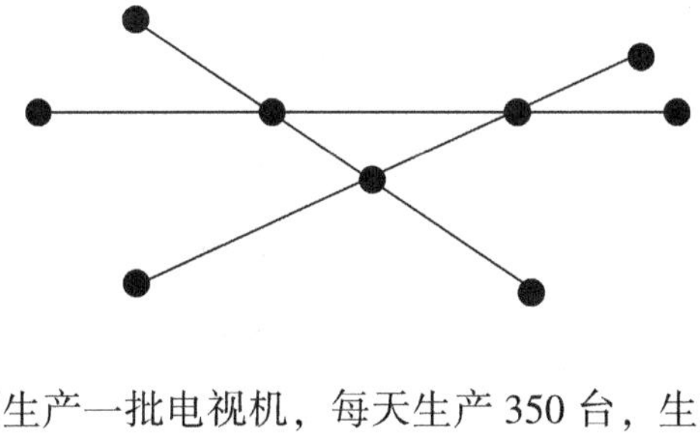

*4. 某车间要生产一批电视机，每天生产350台，生产了10天，正好生产了这批任务的一半，如果剩下的任务按每天生产400台计算，还要几天才能完成任务？

14　第14周

14.1　每日一练

每天12道题，用时不超过5分钟为“卓越”，10分钟内为“合格”。

第1天

完成时间________分钟，做对________题。

评星(根据所做的结果及时间评星，最高为五星。)

☆ ☆ ☆ ☆ ☆

$400\times9=$	$700\times7=$
$90\times2=$	$10\times9=$
$500\times6=$	$500\times9=$
$800\times2=$	$60\times5=$
$700\times6=$	$400\times8=$
$200\times2=$	$700\times5=$

你做对了吗？____________，错误在什么地方________________

第 2 天

完成时间________分钟，做对________题。

评星(根据所做的结果及时间评星，最高为五星。)

☆ ☆ ☆ ☆ ☆

$800 \times 9 =$	$10 \times 8 =$
$600 \times 3 =$	$30 \times 3 =$
$300 \times 6 =$	$80 \times 5 =$
$10 \times 6 =$	$300 \times 5 =$
$70 \times 5 =$	$300 \times 3 =$
$500 \times 8 =$	$400 \times 7 =$

你做对了吗？____________，错误在什么地方________________

第3天

完成时间________分钟，做对________题。

评星(根据所做的结果及时间评星，最高为五星。)

☆☆☆☆☆

200×8＝　　　　10×4＝

10×7＝　　　　60×7＝

90×8＝　　　　100×2＝

70×8＝　　　　700×8＝

900×6＝　　　　70×9＝

900×2＝　　　　600×2＝

你做对了吗？____________，错误在什么地方________________

第 4 天

完成时间________分钟，做对________题。

评星(根据所做的结果及时间评星，最高为五星。)

☆ ☆ ☆ ☆ ☆

$300\times9=$	$800\times3=$
$60\times8=$	$400\times4=$
$100\times8=$	$100\times3=$
$40\times7=$	$20\times2=$
$900\times9=$	$100\times7=$
$800\times5=$	$900\times7=$

你做对了吗？____________，错误在什么地方________________

第 5 天

完成时间________分钟，做对________题。

评星(根据所做的结果及时间评星，最高为五星。)

☆ ☆ ☆ ☆ ☆

$500\times3=$ $50\times6=$

$500\times7=$ $70\times3=$

$300\times8=$ $20\times9=$

$400\times6=$ $300\times4=$

$100\times9=$ $80\times4=$

$40\times7=$ $40\times4=$

你做对了吗？____________，错误在什么地方________________

第 6 天

完成时间________分钟，做对________题。

评星(根据所做的结果及时间评星，最高为五星。)

☆ ☆ ☆ ☆ ☆

$40\times6=$	$60\times9=$
$20\times4=$	$50\times3=$
$30\times6=$	$70\times6=$
$70\times2=$	$700\times9=$
$800\times7=$	$90\times6=$
$80\times8=$	$40\times3=$

你做对了吗？____________，错误在什么地方________________

第7天

完成时间________分钟，做对________题。

评星（根据所做的结果及时间评星，最高为五星。）

☆☆☆☆☆

100×5＝　　　　90×4＝

80×2＝　　　　700×3＝

200×4＝　　　　30×5＝

90×7＝　　　　40×3＝

50×2＝　　　　50×8＝

400×2＝　　　　600×8＝

你做对了吗？____________，错误在什么地方________________

本周小结，对自己的评价是：

卓越（　）　优秀（　）　良好（　）　合格（　）　不合格（　）

14.2 逻辑思维训练

1. 李一、李二、李三3人一起走在回家的路上，不料捡到了一台手机，就交给了张三，张三问他们3人，是谁最先发现了手机。

李一说："不是我发现的，也不是李二发现的。"

李二说："不是我，也不是李三。"

李三说："不是我，我也不知道是谁发现的。"

3个人又告诉张三，他们每个人说的两句话中，都有一句真话和一句假话。张三很快就判断出手机是谁最先发现的了。你知道是谁最先发现手机的吗？

【答案】

是李二最先发现的。

因为他们3人都在场，所以李三说他不知道是谁发现的，是假的所以他说的不是真的，因此李二的第二句话是真的，第一句话是假的。所以是李二最先发现的手机。

14.3 应用题训练

1. 瓜地里有各种瓜共 988 吨，其中有西瓜 365 吨，哈密瓜 412 吨，剩下的是香瓜，请问香瓜有多少吨？

2. 批发点这几天清仓，大衣一箱 210 元，鞋子一箱 528 元，某零售点买了两箱大衣和一箱鞋子，一共花了多少元钱？

3. 今年爸爸 36 岁，小润 9 岁，爸爸的年龄是小润的多少倍？

14.4 本周思维拓展

1. 下图中一共有________个三角形。

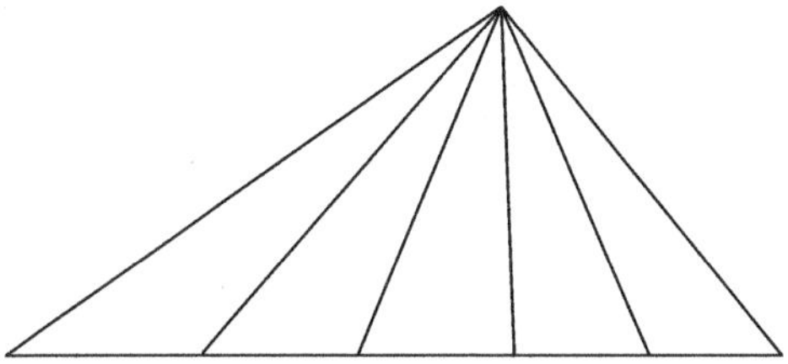

2. 下图中一共有________个三角形。

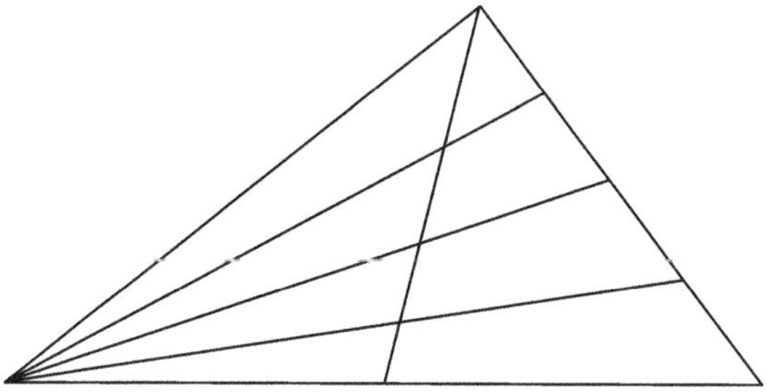

3. 下图中一共有________个三角形。

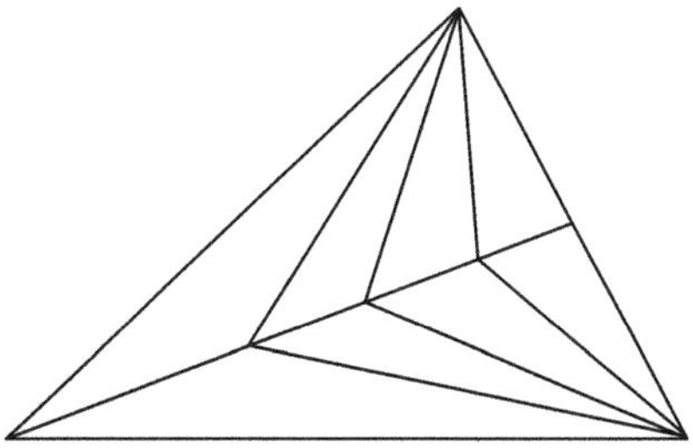

*4. 一场篮球赛分 4 节进行，每节 12 分钟，在第 1 节和第 2 节、第 3 节和第 4 节之间休息时间为 2 分钟，两个半场之间(即第 2 节和第 3 节之间)休息为 15 分钟，如果比赛在 08:00 开始，那么比赛几点结束?

15　第 15 周

15.1　每日一练

每天 12 道题，用时不超过 5 分钟为“卓越”，10 分钟内为“合格”。

第 1 天

完成时间________分钟，做对________题。

评星(根据所做的结果及时间评星，最高为五星。)

☆ ☆ ☆ ☆ ☆

43×5 =	19×2 =
33×5 =	82×8 =
14×6 =	72×3 =
17×2 =	76×4 =
53×7 =	23×9 =
51×6 =	27×8 =

你做对了吗？____________，错误在什么地方________________

第2天

完成时间________分钟，做对________题。

评星(根据所做的结果及时间评星，最高为五星。)

☆☆☆☆☆

84×9 =	66×9 =
63×9 =	11×7 =
29×6 =	58×8 =
38×3 =	62×6 =
57×6 =	63×3 =
18×2 =	59×4 =

你做对了吗？____________，错误在什么地方________________

第3天

完成时间________分钟，做对________题。

评星(根据所做的结果及时间评星，最高为五星。)

☆ ☆ ☆ ☆ ☆

$72\times6=$	$59\times5=$
$37\times6=$	$18\times4=$
$22\times2=$	$28\times4=$
$44\times7=$	$19\times5=$
$55\times2=$	$64\times7=$
$29\times7=$	$46\times6=$

你做对了吗？____________，错误在什么地方________________

第4天

完成时间________分钟，做对________题。

评星(根据所做的结果及时间评星，最高为五星。)

☆☆☆☆☆

51×2＝　　　　76×2＝

41×4＝　　　　47×9＝

19×5＝　　　　79×7＝

16×2＝　　　　54×4＝

77×2＝　　　　94×2＝

88×3＝　　　　92×5＝

你做对了吗？____________，错误在什么地方________________

第 5 天

完成时间________分钟，做对________题。

评星(根据所做的结果及时间评星，最高为五星。)

☆ ☆ ☆ ☆ ☆

$13\times4=$	$96\times4=$
$97\times2=$	$56\times7=$
$39\times9=$	$73\times6=$
$44\times6=$	$99\times8=$
$47\times4=$	$25\times3=$
$49\times7=$	$125\times1=$

你做对了吗？____________，错误在什么地方________________

第 6 天

完成时间________分钟，做对________题。

评星(根据所做的结果及时间评星，最高为五星。)

☆☆☆☆☆

$78\times4=$　　$96\times2=$

$32\times6=$　　$68\times7=$

$86\times3=$　　$99\times5=$

$31\times4=$　　$81\times6=$

$76\times7=$　　$18\times7=$

$78\times5=$　　$73\times7=$

你做对了吗？____________，错误在什么地方________________

第 7 天

完成时间________分钟，做对________题。

评星（根据所做的结果及时间评星，最高为五星。）

☆ ☆ ☆ ☆ ☆

$89\times7=$　　　　$29\times3=$

$42\times2=$　　　　$21\times5=$

$73\times7=$　　　　$36\times7=$

$81\times2=$　　　　$34\times3=$

$53\times3=$　　　　$47\times2=$

$44\times9=$　　　　$74\times3=$

你做对了吗？____________，错误在什么地方________________

本周小结，对自己的评价是：

卓越（ ）　优秀（ ）　良好（ ）　合格（ ）　不合格（ ）

15.2 逻辑思维训练

1. 一条河的东岸有 6 个人等着过河，其中有 4 个大人，2 个小孩。河中只有一条空的小摆渡船。小船最多每次只能载 1 个大人或者 2 个小孩。这 6 个人，如何最快全部摆渡到西岸？(假设小孩和大人一样具有划船能力)

【答案】

先设东、西两岸，首先使两个孩子从东岸驶船到西岸，然后再让一个孩子驶船到东岸，然后再让一个大人驶船到西岸，再然后让西岸的孩子驶船到东岸，然后再让两个孩子驶船到西岸，如此循环。

2. 某天放学后，张、王、焦、林四个同学比谁的体重最重。已知：

(1)张同学加上王同学的体重与焦同学加上林同学的体重相等；

(2)当将王同学、林同学互换后，张同学加上林同学的体重大于王同学加上焦同学的体重，王同学的体重大于张同学和焦同学的体重。

如果上述为真，请问谁的体重最重？

【答案】

林同学的体重最重。

由已知可知：张+王=焦+林，且张+林>焦+王，可以推出林>王。由王>张，王>焦，所以林>张，林>焦，所以林同学最重。

15. 3　应用题训练

1. 王爷爷种了 20 棵苹果树，5 棵梨树，问苹果树的数量是梨树数量的几倍？

2. 三个小朋友一起做了 36 朵小红花，9 朵大红花，小红花数量是大红花数量的多少倍？

3. 箱子里有语文作业本 6 个，数学作业本数量是语文作业本数量的 8 倍，数学作业本有多少本？数学作业本比语文作业多多少本？

15.4 本周思维拓展

1. 下图中一共有________个四边形。

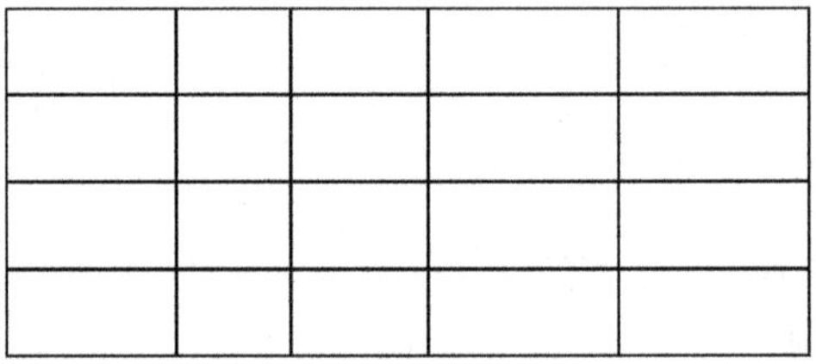

2. 下图中一共有________个四边形。

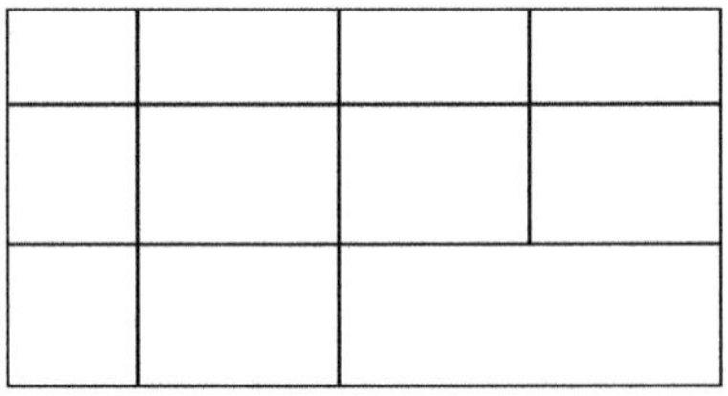

3. 下图中一共有________个四边形。

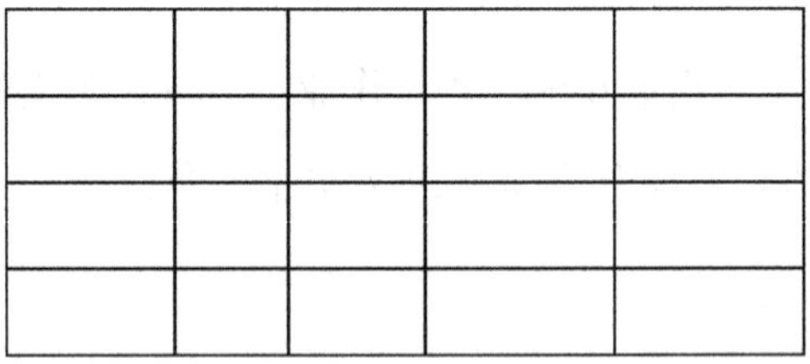

*4. 一棵小树高 71 厘米，一只蜗牛从地面沿着树干向上爬，每分钟爬 8 厘米，然后又向下滑 1 厘米。蜗牛从地面爬到树顶需要多长时间？

16　第 16 周

16.1　每日一练

每天 12 道题，用时不超过 5 分钟为“卓越”，10 分钟内为“合格”。

第 1 天

完成时间________分钟，做对________题。

评星(根据所做的结果及时间评星，最高为五星。)

☆ ☆ ☆ ☆ ☆

94×5 =	49×8 =
37×6 =	98×9 =
26×6 =	87×9 =
18×5 =	41×9 =
53×4 =	66×4 =
57×5 =	77×2 =

你做对了吗？____________，错误在什么地方________________

第2天

完成时间________分钟，做对________题。

评星(根据所做的结果及时间评星，最高为五星。)

☆☆☆☆☆

$11\times6=$　　　　$74\times3=$

$36\times9=$　　　　$89\times6=$

$21\times6=$　　　　$96\times9=$

$24\times4=$　　　　$99\times5=$

$96\times8=$　　　　$21\times4=$

$66\times6=$　　　　$27\times2=$

你做对了吗？____________，错误在什么地方________________

第 3 天

完成时间________分钟，做对________题。

评星(根据所做的结果及时间评星，最高为五星。)

☆ ☆ ☆ ☆ ☆

$64\times3=$	$45\times5=$
$37\times3=$	$86\times2=$
$15\times3=$	$54\times8=$
$15\times7=$	$84\times8=$
$69\times8=$	$53\times4=$
$82\times5=$	$31\times2=$

你做对了吗？____________，错误在什么地方________________

第4天

完成时间________分钟，做对________题。

评星(根据所做的结果及时间评星，最高为五星。)

☆ ☆ ☆ ☆ ☆

$46\times9=$	$24\times7=$
$39\times8=$	$51\times7=$
$98\times8=$	$66\times8=$
$27\times3=$	$32\times7=$
$93\times8=$	$48\times4=$
$41\times5=$	$50\times7=$

你做对了吗？____________，错误在什么地方________________

第 5 天

完成时间________分钟，做对________题。

评星(根据所做的结果及时间评星，最高为五星。)

☆ ☆ ☆ ☆ ☆

$11\times2=$　　$78\times9=$

$26\times4=$　　$14\times7=$

$17\times3=$　　$84\times7=$

$79\times4=$　　$87\times3=$

$12\times3=$　　$29\times3=$

$46\times2=$　　$86\times4=$

你做对了吗？____________，错误在什么地方________________

第6天

完成时间________分钟，做对________题。

评星(根据所做的结果及时间评星，最高为五星。)

☆☆☆☆☆

21×8=	66×9=
99×4=	83×8=
21×9=	34×7=
57×9=	33×3=
36×2=	32×9=
81×3=	54×3=

你做对了吗？____________，错误在什么地方________________

第 7 天

完成时间________分钟，做对________题。

评星(根据所做的结果及时间评星，最高为五星。)

☆ ☆ ☆ ☆ ☆

25×9 =	84×2 =
91×7 =	14×7 =
54×9 =	22×5 =
78×3 =	81×8 =
38×8 =	44×4 =
81×7 =	33×7 =

你做对了吗？____________，错误在什么地方________________

本周小结，对自己的评价是：

卓越(　)　　优秀(　)　　良好(　)　　合格(　)　　不合格(　)

16.2 逻辑思维训练

芳芳在做一道数学题时，粗心的她把减数的个位与十位上的 1 和 7 看反了，因此得出的结果是 111，后来老师发现了她的这个错误，并让她重新计算一次。请问正确的计算结果应该是多少？

【答案】

57。

把 71 看成 17，说明少减了 54，所以，我们在 111 的基础上再减去 54 就可以得出正确的答案：57。

16.3　应用题训练

1. 慧慧家养了一些小动物，小狗有9只，小猫数量是小狗数量的3倍，请问慧慧家养了几只小猫？

2. 班里有两个兴趣小组，绘画小组有8人，音乐小组有32人，音乐小组人数是绘画小组人数的几倍？

3. 一个肉饼的售价是一盒牛奶的3倍，一盒牛奶是3元，一个肉饼的售价是多少元钱？

16.4 本周思维拓展

1. 一个矩形的长是 8 厘米，比宽多了 4 厘米，这个长方形的周长是多少厘米？

2. 下面的图中的每个角都是直角，那么它的周长是多少厘米？

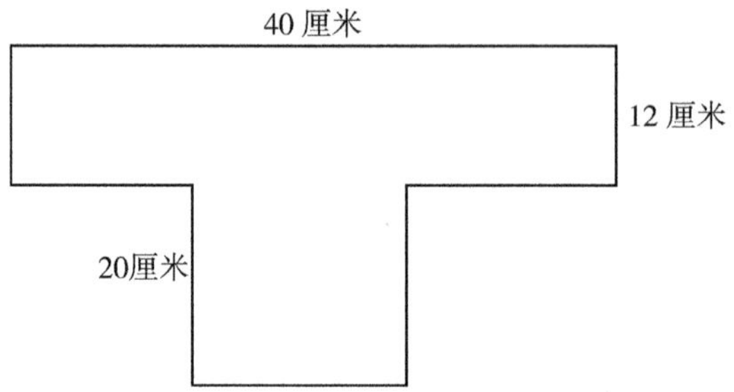

3. 下面的图是由 5 个边长为 6 厘米正方形依次叠加拼成的图形，中间的 4 个正方形的顶点正好在前一个正方形的中心点，这个图形的周长是多少？

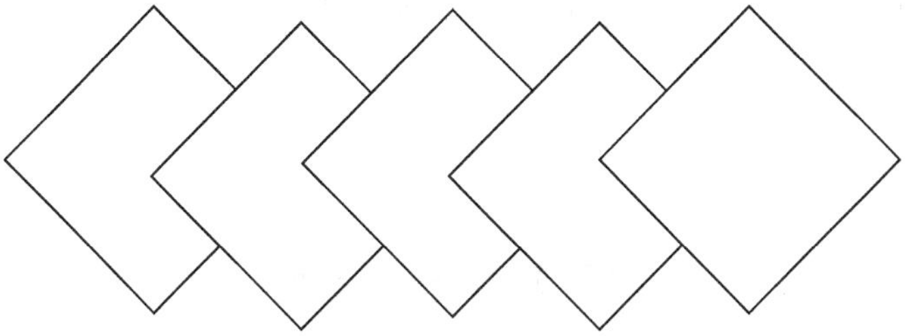

＊4. 小丽生病了，医生让她每隔 4 小时吃 1 粒药，17 日中午 12:00 小丽吃了第 11 粒药，那么她什么时候吃第 13 粒药？

17　第 17 周

17.1　每日一练

每天 12 道题，用时不超过 5 分钟为“卓越”，10 分钟内为“合格”。

第 1 天

完成时间________分钟，做对________题。

评星(根据所做的结果及时间评星，最高为五星。)

☆ ☆ ☆ ☆ ☆

873×6 =	932×3 =
234×8 =	428×4 =
942×4 =	546×3 =
538×7 =	681×2 =
223×4 =	711×6 =
959×5 =	144×8 =

你做对了吗？____________，错误在什么地方________________

第 2 天

完成时间________分钟，做对________题。

评星（根据所做的结果及时间评星，最高为五星。）

☆ ☆ ☆ ☆ ☆

724×2＝	385×9＝
144×4＝	276×4＝
575×5＝	138×3＝
187×3＝	297×9＝
574×2＝	131×6＝
193×5＝	561×9＝

你做对了吗？____________，错误在什么地方________________

第3天

完成时间________分钟，做对________题。

评星(根据所做的结果及时间评星，最高为五星。)

☆ ☆ ☆ ☆ ☆

$906\times2=$　　　　$547\times3=$

$956\times4=$　　　　$563\times5=$

$799\times3=$　　　　$841\times4=$

$331\times4=$　　　　$541\times9=$

$316\times2=$　　　　$145\times8=$

$337\times7=$　　　　$356\times4=$

你全做对了吗？____________，错误在什么地方________________

第4天

完成时间________分钟，做对________题。

评星(根据所做的结果及时间评星，最高为五星。)

☆ ☆ ☆ ☆ ☆

$322\times7=$	$842\times2=$
$651\times6=$	$167\times9=$
$351\times6=$	$617\times4=$
$629\times9=$	$268\times3=$
$965\times7=$	$764\times2=$
$728\times7=$	$653\times5=$

你全做对了吗？____________，错误在什么地方________________

第5天

完成时间________分钟，做对________题。

评星(根据所做的结果及时间评星，最高为五星。)

☆☆☆☆☆

453×8=	243×6=
657×5=	545×5=
611×6=	954×6=
142×9=	169×4=
268×8=	457×2=
933×2=	478×2=

你做对了吗？____________，错误在什么地方________________

第 6 天

完成时间________分钟，做对________题。

评星(根据所做的结果及时间评星，最高为五星。)

☆ ☆ ☆ ☆ ☆

$611\times5=$	$603\times3=$
$339\times4=$	$158\times7=$
$451\times5=$	$186\times6=$
$928\times3=$	$324\times4=$
$261\times8=$	$421\times8=$
$452\times2=$	$658\times8=$

你做对了吗？____________，错误在什么地方________________

第7天

完成时间________分钟，做对________题。

评星(根据所做的结果及时间评星，最高为五星。)

☆ ☆ ☆ ☆ ☆

997×4 =	264×2 =
264×3 =	174×3 =
572×3 =	504×9 =
137×4 =	936×3 =
712×3 =	545×3 =
619×6 =	915×5 =

你做对了吗？____________，错误在什么地方________________

本周小结，对自己的评价是：

卓越(　)　　优秀(　)　　良好(　)　　合格(　)　　不合格(　)

17.2 逻辑思维训练

1. 两个小伙伴小花和小丽一起玩游戏，小花让小丽看了一张卡片，卡片上写着“橘子橙子香蕉梨”，意思是“星期六游乐场碰面”，而另一张卡片上写着“橙子李子猕猴桃”，意思是“我们游乐场玩耍”，然后又让她看了一下最后一张卡片，上面写着“栗子橘子火龙果”，意思是“星期六游乐场玩耍”，那么请问“香蕉梨”的意思是什么？

【答案】

碰面。

因为第一句和第二句中都有“橙子”，而解释的两句的意思里都有“游乐场”，第一句和第三句里都有“橘子”，解释的意思里都有“星期六”，所以“香蕉梨”的意思就是“碰面”。

2. 三个时装模特小红、小绿和小蓝分别穿着红色、绿色和蓝色的时装参加时装表演。“真奇怪，”小蓝说，“我们的名字是小红、小绿、小蓝，穿的衣服也是红、绿、蓝，可没人穿的衣服的颜色和她的名字相符！“真是个巧合！”穿绿色衣服的人说。从她们的谈话中，你能判断三人分别穿了什么颜色的衣服吗？

【答案】

根据她们的话，可以得知小蓝穿红色或绿色的衣服，而回答她的人穿着绿色衣服，所以小蓝穿红色衣服。那么，穿蓝色衣服的一定是小绿，而穿绿色衣服的一定是小红。

17.3 应用题训练

1. 一头大象一天能运 18 根木头，9 头大象一天能运多少根木头？

2. 一个榴莲 123 元，3 个榴莲一共要多少元钱？

17.4　本周思维拓展

1. 10 个 5 相乘，乘积的个位数字是几？

2. 15 个 7 相乘，乘积的个位数字是几？

3. 9 个 4 相乘的积加上 13 个 8 相乘的积，个位数字是几？

4. 2024 个 3 相乘的积，个位数字是几？

*5. 刘楠有 45 个苹果，张东有 37 个苹果，刘楠给张东几个苹果，他俩的苹果数量一样多？

18　第 18 周

18.1　每日一练

每天 12 道题，用时不超过 5 分钟为“卓越”，10 分钟内为“合格”。

第 1 天

完成时间________分钟，做对________题。
评星(根据所做的结果及时间评星，最高为五星。)

☆ ☆ ☆ ☆ ☆

216×2＝	774×6＝
452×6＝	474×8＝
702×8＝	211×3＝
992×2＝	372×9＝
313×5＝	557×2＝
627×2＝	966×4＝

你做对了吗？____________，错误在什么地方________________

第 2 天

完成时间________分钟，做对________题。

评星(根据所做的结果及时间评星，最高为五星。)

☆ ☆ ☆ ☆ ☆

255×9 =　　　　427×6 =

869×8 =　　　　893×4 =

528×7 =　　　　385×5 =

418×4 =　　　　501×4 =

735×3 =　　　　828×7 =

511×6 =　　　　977×2 =

你做对了吗？____________，错误在什么地方________________

第3天

完成时间________分钟，做对________题。

评星（根据所做的结果及时间评星，最高为五星。）

☆ ☆ ☆ ☆ ☆

372×3＝	781×4＝
497×7＝	282×6＝
781×7＝	121×9＝
321×8＝	698×8＝
325×3＝	384×3＝
254×8＝	341×2＝

你做对了吗？____________，错误在什么地方________________

第 4 天

完成时间________分钟，做对________题。

评星(根据所做的结果及时间评星，最高为五星。)

☆ ☆ ☆ ☆ ☆

667×8 =	992×3 =
626×4 =	237×8 =
168×3 =	736×4 =
877×2 =	148×2 =
987×2 =	655×3 =
422×9 =	421×3 =

你做对了吗？____________，错误在什么地方________________

第5天

完成时间________分钟，做对________题。

评星(根据所做的结果及时间评星，最高为五星。)

☆ ☆ ☆ ☆ ☆

633×7＝　　353×6＝

752×3＝　　641×4＝

366×7＝　　611×3＝

657×9＝　　503×6＝

712×8＝　　728×6＝

442×7＝　　287×9＝

你做对了吗？____________，错误在什么地方________________

第6天

完成时间________分钟，做对________题。

评星(根据所做的结果及时间评星，最高为五星。)

☆☆☆☆☆

446×9=　　　　527×4=

203×3=　　　　666×2=

604×3=　　　　109×8=

534×2=　　　　691×2=

333×5=　　　　203×8=

228×6=　　　　638×9=

你做对了吗？____________，错误在什么地方________________

第 7 天

完成时间________分钟，做对________题。

评星(根据所做的结果及时间评星，最高为五星。)

☆ ☆ ☆ ☆ ☆

$667\times3=$　　　　$507\times2=$

$288\times6=$　　　　$328\times7=$

$245\times9=$　　　　$783\times2=$

$881\times4=$　　　　$147\times4=$

$352\times6=$　　　　$808\times3=$

$262\times4=$　　　　$302\times8=$

你做对了吗？____________，错误在什么地方________________

本周小结，对自己的评价是：

卓越(　)　优秀(　)　良好(　)　合格(　)　不合格(　)

18.2 逻辑思维训练

1. 小乐每天回家需要走楼梯，如果从1楼走到4楼需用60秒，那么请问，小乐以同样的速度从1楼走到8楼需用多少秒？

【答案】

140秒。本题要注意的是1楼到2楼只需走一层楼梯。也就是说，从1楼走到4楼，只需走3层楼梯，所以每走一层需用60÷3=20秒，而走到8楼需要走7层楼梯，也就是20×7=140秒。

2. 周末，皮皮放学后，站在车站等汽车，等了很久，汽车也没有来。他想回家换衣服和同学去踢足球，心里非常着急，就步行往家里走去。如果他乘车10分钟就可以到达，但步行要40分钟到达。当他走到全路程的1/2时，公共汽车来了，他又乘坐汽车到达目的地。他这样与一开始就乘汽车比较起来，能快多少分钟？

【答案】

因为他步行全程的1/2所用的时间跟他在车站等车的时间是一样的，他走与不走最终都是按那辆班车到达目的地的时间来计算所用的时间。他除了在心理上得到一点安慰外，是不会节约任何时间的。

18.3 应用题训练

1. 每双运动鞋396元，李老师买了8双运动鞋，一共花了多少元钱?

2. 张阿姨一家9个人去大青山游玩，车费每人26元，一共需要多少元钱?

3. 某小学二年级共有346人，三年级共有339人，平均每人向山区学校捐6本书，两个年级一共捐了多少本书?

18.4　知识拓展

1. 2024年11月1日是星期五，那这个月的29日是星期几？

2. 2025年的1月1日是星期三，那这个月的27日是星期几？

3. 某一年的5月1日是星期二，那这一年的7月1日是星期几？

*4. 小勇做减法题时粗心地把减数510看成了150，得到的差是470，正确的结果应该是多少？

19　第 19 周

19.1　每日一练

每天 12 道题，用时不超过 5 分钟为“卓越”，10 分钟内为“合格”。

第 1 天

完成时间________分钟，做对________题。

评星(根据所做的结果及时间评星，最高为五星。)

☆ ☆ ☆ ☆ ☆

26. 3+64. 9 =	75+28. 8 =
70. 6+66. 8 =	40. 2+78. 7 =
96. 6+5. 2 =	67. 5+98. 9 =
54. 6+16. 6 =	76. 4+80 =
16. 8+64. 7 =	36. 3+55. 6 =
87. 8+7. 6 =	44. 7+52. 6 =

你做对了吗？____________，错误在什么地方________________

第 2 天

完成时间________分钟，做对________题。

评星(根据所做的结果及时间评星，最高为五星。)

☆ ☆ ☆ ☆ ☆

36. 2+79. 6=	96. 6+4. 7=
32+70. 9−	3. 6+89. 3=
48+94. 9=	92. 5+93. 2=
74. 2+16=	80+39. 6=
84. 2+72. 5=	96. 3+96. 6=
83. 7+8. 6=	9. 8+48. 3=

你做对了吗？____________，错误在什么地方________________

第3天

完成时间________分钟，做对________题。

评星(根据所做的结果及时间评星，最高为五星。)

☆☆☆☆☆

23. 5+91 =	20. 6+90. 6 =
5. 6+88. 5 =	24. 6+67. 6 =
33. 9+32. 3 =	95. 7+52. 6 =
87+35. 2 =	43. 7+28. 6 =
20. 6+97. 5 =	42+30. 5 =
33. 5+7. 8 =	49. 2+ 96. 4 =

你做对了吗？____________，错误在什么地方________________

第 4 天

完成时间________分钟，做对________题。

评星(根据所做的结果及时间评星，最高为五星。)

☆ ☆ ☆ ☆ ☆

40. 4+ 54. 7 =　　　　10. 2+54. 6 =

67. 7+38. 8 =　　　　76. 4+80. 4 =

84. 7+80. 7 =　　　　3. 3+69. 2 =

89. 7+92. 7 =　　　　32. 9+37. 2 =

74. 7+34. 6 =　　　　25. 2+8 =

15. 7+85. 8 =　　　　85. 9+95. 9 =

你做对了吗？____________，错误在什么地方________________

第 5 天

完成时间________分钟，做对________题。

评星（根据所做的结果及时间评星，最高为五星。）

☆☆☆☆☆

2. 4+75. 3 =

64. 7+68. 2 =

90. 4+63. 9 =

89. 8+67. 9 =

57. 7+ 97. 4 =

92+57. 6 =

94. 8+7. 3 =

33+49. 3 =

23. 3+56 =

26+66. 2 =

86. 8+44. 8 =

75. 8+19. 4 =

你做对了吗？____________，错误在什么地方________________

第6天

完成时间________分钟，做对________题。

评星(根据所做的结果及时间评星，最高为五星。)

☆ ☆ ☆ ☆ ☆

69. 6+55. 5=	73. 4+20=
65. 4+30=	67. 4+67. 8=
99+57. 6=	63. 2+57=
57. 6+10. 5=	36. 9+59=
95+2. 9=	13. 6+13. 6=
90. 4+56. 5=	16. 3+30. 8=

你做对了吗？____________，错误在什么地方________________

第 7 天

完成时间________分钟，做对________题。

评星(根据所做的结果及时间评星，最高为五星。)

☆☆☆☆☆

28.4+83=

37.8+98=

17.7+87.6=

38.9+74.9=

69.6+75.8=

4.9+13.8=

19.3+4.6=

45.7+2.9=

38.9+6.2=

23.3+50.3=

90.8+3.7=

38.4+72.3=

你做对了吗？____________，错误在什么地方________________

本周小结，对自己的评价是：

卓越(　)　优秀(　)　良好(　)　合格(　)　不合格(　)

19.2　逻辑思维训练

1. 平平和鹏鹏玩一种叫“抢30”的游戏。游戏规则很简单：两个人轮流报数，第一个人从1开始，按顺序报数，她可以只报1，也可以报1、2。第二个人接着第一个人报的数再报下去，但最多也只能报两个数，而且不能一个数都不报。例如，第一个人报的是1，第二个人可报2，也可报2、3；若第一个人报了1、2，则第二个人可报3，也可报3、4。接下来仍由第一个人接着报，如此轮流下去，谁先报到30谁胜。平平很大度，每次都让鹏鹏先报，但每次都是她胜。鹏鹏觉得其中肯定有猫腻，于是坚持要平平先报，结果还是以平平胜居多。你知道平平必胜的策略是什么吗？

【答案】

平平的策略其实很简单：她总是报到3的倍数为止。如果鹏鹏先报，根据游戏规定，他只能报1，或报1、2。若鹏鹏报1，则平平就报2、3，若鹏鹏报1、2，平平就报3。接下来，鹏鹏从4开始报，而平平视鹏鹏的情况，总是报到6为止，以此类推。由于30是3的倍数，所以平平总能报到30。

2. 甲、乙两人合伙做生意，甲投入的本金是乙的1.5倍。这时丙也要入伙，他拿出了250万元来投资，此时，甲、乙、丙想让他们三个人占有的股份都相等，所以决定将这250万元由甲、乙两人分。那么，他们该如何分这笔钱呢？

【答案】

250万元买1/3的股份，那么，总资产应该是750万元。由于甲掌握的股份是乙的1.5倍，那么，他的本金是450万元，乙的是300万元。如果让三位合作伙伴股权相等，都是250万元，那么甲应该得到200万元，乙应该得到50万元。

19.3 应用题训练

1. 某小学的一个班级做早操，如果一排站 6 人，可以站 6 排，如果每排多站 3 人，那现在可以站几排？

2. 一辆汽车可以装 380 袋水泥，每袋水泥重 50 千克，7 辆汽车可以装多少吨水泥？

3. 红旗村要架设高压电线，前 4 天共架设了 1200 米，按这个速度，剩下要在 6 天架完，剩下的高压电线长多少米？

19.4　本周思维拓展

1. 找出正确的数填写在下列括号中。

98，91，84，77，(　　)，(　　)

2. 找出正确的数填写在下列括号中。

41，43，46，50，(　　)，(　　)

3. 找规律填数

3，2，6，4，9，8，12，16，15，32，(　　)，(　　)

*4. 乐乐要把 2 米长的铁丝逐段剪成每段 4 分米的小铁丝，需要剪几次？

20　第 20 周

20.1　每日一练

每天 12 道题，用时不超过 5 分钟为“卓越”，10 分钟内为“合格”。

第 1 天

完成时间________分钟，做对________题。

评星(根据所做的结果及时间评星，最高为五星。)

☆☆☆☆☆

68. 2+95. 9 =	15. 6+24. 9 =
3. 6+83 =	79. 7+39. 8 =
18. 7+98. 6 =	78. 8+18. 3 =
89. 4+13. 4 =	22. 2+33 =
95. 9+65. 4 =	83. 7+32. 6 =
65. 6+63. 8 =	2. 9+40. 8 =

你做对了吗？____________，错误在什么地方________________

第2天

完成时间________分钟，做对________题。

评星(根据所做的结果及时间评星，最高为五星。)

☆ ☆ ☆ ☆ ☆

90+77. 5 =

57. 5+7. 8 =

37. 8+52. 6 =

40. 7+12. 6 =

42. 2+56. 3 =

27. 3+72. 2 =

7. 2+98. 4 =

86. 7+74. 6 =

29+46. 6 =

96. 9+72. 7 =

54. 9+67. 8 =

12. 5+3. 4 =

你做对了吗？____________，错误在什么地方________________

第3天

完成时间________分钟，做对________题。

评星(根据所做的结果及时间评星，最高为五星。)

☆☆☆☆☆

30. 9+65. 4=

52. 3+56. 9=

58+8. 3=

4+90. 5=

49. 5+85. 7=

55. 6+33=

6. 6+33=

7. 5+66. 6=

48. 7+55. 6=

49. 2+80=

6. 3+9. 9=

75. 6+82=

你做对了吗？____________，错误在什么地方________________

第4天

完成时间________分钟，做对________题。

评星(根据所做的结果及时间评星，最高为五星。)

☆☆☆☆☆

15. 3+56. 9=

27. 9+68. 2=

38. 3+84. 3=

72. 9+2. 3=

45. 2+38. 5=

75. 2+29. 7=

20. 5+52. 7=

54. 5+78. 4=

53. 3+19=

65. 5+23. 2=

77. 6+74. 3=

30. 5+17. 8=

你做对了吗？____________，错误在什么地方________________

第5天

完成时间________分钟，做对________题。

评星(根据所做的结果及时间评星，最高为五星。)

☆☆☆☆☆

24. 7+83. 6=　　　　32. 4+22. 4=

25. 9+6=　　　　18. 2+46. 7=

22. 5+44. 2=　　　　65. 8+55. 8=

39+22. 7=　　　　23. 7+25=

9+44. 8=　　　　65. 8+62. 3=

95. 4+9. 2=　　　　67. 8+49. 4=

你做对了吗？____________，错误在什么地方________________

第6天

完成时间________分钟，做对________题。

评星(根据所做的结果及时间评星，最高为五星。)

☆ ☆ ☆ ☆ ☆

92.4+50.3=　　　　78.7+6.2=

19.9+2.2=　　　　27+83.5=

98.7+28.9=　　　　38.7+83.6=

65.5+29.4=　　　　53.4+17.8=

80.7+3.5=　　　　36.2+28.3=

52.3+10.9=　　　　52.6+87.6=

你做对了吗？____________，错误在什么地方________________

第7天

完成时间________分钟，做对________题。

评星(根据所做的结果及时间评星，最高为五星。)

☆ ☆ ☆ ☆ ☆

2.6+16.9=　　　　55.9+66.2=

95.2+17.7=　　　　90.8+94.4=

65.8+96.4=　　　　72+83.7=

49.5+18.4=　　　　26.2+68.7=

66.8+53.9=　　　　95.5+8=

54.4+28.5=　　　　60.7+23.8=

你做对了吗？____________，错误在什么地方________________

本周小结，对自己的评价是：

卓越(　)　　优秀(　)　　良好(　)　　合格(　)　　不合格(　)

20.2　逻辑思维训练

1. 爸爸给儿子出了道题。爸爸说："我手里有1元、2元、5元的人民币共60张，总价值是200元，并且1元面值的人民币比2元面值的人民币多4张。儿子，给爸爸算算这三种面值的人民币各有多少张?"儿子眨了眨眼睛，摸摸脑袋，不知道怎么算。你能算出来吗?

【答案】

假设1元的人民币减少4张，那么这三种人民币张数的总和就是60-4=56张，总面值就是200-4=196元，这样1元和2元的人民币数量相等，再假设56张全是5元的，这时人民币的总面值就是5×56=280元，比先假设的多280-196=84元，原因是把1元和2元都当成了5元，等于是多算了84元，84÷7=12，由此就可以知道是把12张1元的和12张2元的假设成了5元，所以2元的有12张，1元的有12+4=16张，5元的就有32张。

2. 一个人花8块钱买了一只鸡，又以9块钱的价格卖掉了，他觉很不划算，花10块钱又买了回来，又以11块卖给另外一个人。问他是赚了还是赔了?赚了(赔了)多少?

【答案】

这个问题看似很复杂，其实只要你换种方式思考的话，就会发现它非常简单。只要你把它当成两次交易，第一次8块钱买9块钱卖，赚了1块钱；第二次10块钱买，11块钱卖，又赚了1块钱。所以是赚了2块钱。

3. 有9个人在沙漠里迷了路，他们所有的粮食只够这些人吃5天。第二天，这9个人又遇到了另一队迷路的人，这一队人已经没有粮食了，大家便算了算，两队合吃粮食，只够吃3天。那么，第二队迷路的人有多少呢?

【答案】

这 9 个人遇到第二队人的时候已经吃掉了 1 天的粮食，所剩下的只够这 9 个人自己再吃 4 天，但第二队加入后只能吃 3 天，也就是说第二队在 3 天内吃的食物等于 9 个人一天的粮食，因此，第二队有 3 个人。

20.3 应用题训练

1. 某小区物业要用64米长的栅栏围成一个正方形的车棚，车棚的边长是多少？

2. 一个长方形的操场，长是135米，宽是62米，这个操场的周长是多少？

3. 用两个长8分米、宽4分米的长方形拼成一个长方形和一个正方形，它们的边长分别是多少？

20.4 本周思维拓展

1. 先观察下面的算式，找出规律，然后填数。

$21\times9=189$

$321\times9=2889$

$4321\times9=38889$

$54321\times9=(\qquad\qquad)$

$654321\times9=(\qquad\qquad)$

2. 先观察下面的算式，找出规律，然后填数。

$9\times9+19=100$

$99\times9+199=10000$

$999\times9+1999=1000000$

$9999\times9+19999=(\qquad\qquad)$

3. 先观察下面的算式，找出规律，然后填数。

$12345679\times9=111111111$

$12345679\times18=222222222$

$12345679\times27=333333333$

$12345679\times(\qquad)=444444444$

$12345679\times(\qquad)=666666666$

*4. 两个数的和是316，其中一个数比另一个数少84，求其中较大的那个数是多少。

21　第 21 周

21.1　每日一练

每天 12 道题，用时不超过 5 分钟为“卓越”，10 分钟内为“合格”。

第 1 天

完成时间________分钟，做对________题。

评星(根据所做的结果及时间评星，最高为五星。)

☆ ☆ ☆ ☆ ☆

53.9−14.4=	86.4−49.8=
24.4−12.6=	95.4−64.6=
34.2−24.7=	63.8−29.6=
80.3−53.8=	67.3−2=
27.7−12.9=	89.8−64.2=
23.4−17.6=	52.4−5.9=

你做对了吗？____________，错误在什么地方________________

第2天

完成时间________分钟，做对________题。

评星(根据所做的结果及时间评星，最高为五星。)

☆☆☆☆☆

44.4−42.7=　　　　88.2−76.5=

73.2−13.6=　　　　55.9−43.7=

49.2−25.8=　　　　37.8−16.7=

68.7−8.4=　　　　98.5−70=

82.4−76.2=　　　　74.2−50.8=

53.8−10.2=　　　　78.2−7=

你做对了吗？____________，错误在什么地方________________

第3天

完成时间________分钟，做对________题。

评星(根据所做的结果及时间评星，最高为五星。)

☆ ☆ ☆ ☆ ☆

93. 4−13. 5 =	76. 6−3. 9 =
75. 2 56. 4 =	36. 9−29. 6 =
79. 7−2. 2 =	15. 9−6. 3 =
94−14. 8 =	59. 7−13 =
84. 2−27. 4 =	53. 4−14. 7 =
96. 8−20. 5 =	37. 4−9. 7 =

你做对了吗？____________，错误在什么地方________________

第4天

完成时间________分钟，做对________题。

评星(根据所做的结果及时间评星，最高为五星。)

☆☆☆☆☆

36.7−5.4＝　　　　55−53.2＝

62.7−43＝　　　　96.9−93.4＝

44−12.7＝　　　　49.6−26.4＝

53−37.6＝　　　　37.9−20.5＝

73−30.6＝　　　　14.6−3＝

20.9−18.6＝　　　　99.4−18＝

你做对了吗？____________，错误在什么地方________________

第5天

完成时间________分钟，做对________题。

评星(根据所做的结果及时间评星，最高为五星。)

☆ ☆ ☆ ☆ ☆

48. 2-38. 7=

59. 8-49. 7=

11-7. 6=

39. 4-23. 6=

80. 2-74. 4=

89. 2-33. 5=

88. 7-73=

28. 5-14. 9=

94. 3-60. 4=

29. 2-20. 3=

77. 6-56. 8=

97. 5-84. 3=

你做对了吗？____________，错误在什么地方________________

第 6 天

完成时间________分钟，做对________题。

评星(根据所做的结果及时间评星，最高为五星。)

☆ ☆ ☆ ☆ ☆

92. 2−85. 9 =　　　　80. 2−48. 4 =

94. 4−74. 5 =　　　　87. 8−78. 5 =

79. 2−40. 7 =　　　　44. 5−27. 9 =

57. 8−50 =　　　　50. 5−8. 8 =

46. 7−40 =　　　　76. 2−7. 9 =

47. 5−19. 2 =　　　　30. 8−8. 6 =

你做对了吗？____________，错误在什么地方________________

第7天

完成时间________分钟，做对________题。

评星（根据所做的结果及时间评星，最高为五星。）

☆☆☆☆☆

74－30. 4＝	32. 9－22. 8＝
97. 5－58＝	6－2. 5＝
69. 6－20＝	59. 2－4. 4＝
46. 6－26. 5＝	58. 3－2. 6＝
56. 4－12. 9＝	55. 3－29. 2＝
49. 4－45＝	39. 4－4. 6＝

你做对了吗？____________，错误在什么地方________________

本周小结，对自己的评价是：

卓越（　）　优秀（　）　良好（　）　合格（　）　不合格（　）

21.2　逻辑思维训练

1. 有一堆核桃，如果 5 个 5 个地数，则剩下 4 颗；如果 4 个 4 个地数，则剩下 3 颗；如果 3 个 3 个地数，则剩下 2 颗；如果 2 个 2 个地数，则剩下 1 颗。那么，这堆核桃至少有多少颗呢？

【答案】

根据题意可知，这 4 种数法都缺一颗核桃，那么如果加 1 颗核桃的话，就可以整除 4 这个数了。也就是说，加 1 颗核桃，这个数就是 2、3、4、5 的最小公倍数，也就是 120。所以，这堆核桃至少有 119 颗。

2. 我们都明白“热胀冷缩”的道理，但是有一种很特别的物质却并不完全遵循这个道理，那就是水，经过多次实验知道，有时候它是“冷胀热缩”。即：当水结成冰时，其体积会增长 1/11，以这个为参考，你知道如果冰融化成水时，其体积会减少多少吗？

【答案】

当冰融化成水的时候，体积就会减少 1/12；因为当体积为 11 个单位的水结成冰时，体积会增加为 12 个单位的冰，而体积为 12 个单位的冰融化后会成为 11 个单位的水，也就会减少 1/12。

21.3 应用题训练

1. 小悦、小乐和小楠去公园玩射击，小悦用了子弹数量的$\frac{4}{10}$，小乐用了子弹数量的$\frac{3}{10}$，剩下的是小楠用的，小楠用了子弹数量的几分之几?

2. 篮子里有6个苹果，是全部水果个数的$\frac{2}{5}$，篮子里有多少个水果?

3. 某学校三年级同学参加兴趣小组，其中参加舞蹈小组的人数是参加体育小组人数的$\frac{2}{5}$，参加体育小组的有30人。参加舞蹈小组的有多少人?

21.4 本周思维拓展

1. 一个数加上 3，乘以 4，除以 5，再减去 6，结果是 4，那么这个数是多少?

2. 一个数加上 8，乘以 8，除以 8，结果还是 8，那么这个数是多少?

3. 有一位老太太，把她的现在的年龄加上 16，用 5 除，再减去 10，最后再乘以 10，恰好是 100 岁，这位老太太现在多少岁?

*4. 有一条绳子和一根竹竿，绳子比竹竿长 40 米，绳子对折后比竹竿短 20 米，绳子长多少米?

22　第 22 周

22.1　每日一练

每天 12 道题，用时不超过 5 分钟为“卓越”，10 分钟内为“合格”。

第 1 天

完成时间________分钟，做对________题。

评星(根据所做的结果及时间评星，最高为五星。)

☆☆☆☆☆

95.4−73.6=	69.3−53.8=
98.9−59.7=	95−60.6=
94.5−46.3=	65.3−26.7=
93.2−15.3=	92.9−20=
79.7−57=	79.8−45=
94.9−79.4=	69.9−66.4=

你做对了吗？____________，错误在什么地方________________

第2天

完成时间________分钟，做对________题。

评星(根据所做的结果及时间评星，最高为五星。)

☆ ☆ ☆ ☆ ☆

76. 7−23. 8 =

77. 3−68. 5 =

26−9. 3 =

54. 9−35. 8 =

95. 3−47. 6 =

53. 6−15. 3 =

26. 9−24. 8 =

49. 8−27 =

46. 8−13. 6 =

74. 7−72. 6 =

97. 6−12. 8 =

38. 3−25. 8 =

你做对了吗？___________，错误在什么地方________________

第3天

完成时间________分钟，做对________题。

评星(根据所做的结果及时间评星，最高为五星。)

☆☆☆☆☆

47-24.6=　　　　42.6-3.8=

78.9-38.3=　　　　52-26.7=

74.7-45.6=　　　　23.8-2.3=

37.8-35.6=　　　　92.9-90.7=

28-7.5=　　　　60.7-24.4=

28.9-13.2=　　　　80.7-24.6=

你做对了吗？____________，错误在什么地方________________

第 4 天

完成时间________分钟，做对________题。

评星(根据所做的结果及时间评星，最高为五星。)

☆ ☆ ☆ ☆ ☆

39. 5-33. 2=　　　　56. 7-14. 8=

94. 3-54. 7=　　　　98. 2-2. 7=

92. 5-35. 4=　　　　56. 9-42=

90. 3-42. 6=　　　　16-9. 2=

57. 2-3. 6=　　　　54. 4-17. 3=

59. 6-57. 4=　　　　75. 3-73. 7=

你做对了吗？____________，错误在什么地方________________

第5天

完成时间________分钟，做对________题。

评星(根据所做的结果及时间评星，最高为五星。)

☆ ☆ ☆ ☆ ☆

94. 7−16=　　　　90. 7−87. 4=

76. 6−14=　　　　66. 6−47. 7=

36. 9−18=　　　　52. 3−35. 9=

50. 7−6. 9=　　　　33. 6−10. 4=

93. 8−80. 9=　　　　12. 9−10. 4=

98−7. 3=　　　　86. 8−57. 2=

你做对了吗？____________，错误在什么地方________________

第6天

完成时间________分钟，做对________题。

评星(根据所做的结果及时间评星，最高为五星。)

☆ ☆ ☆ ☆ ☆

78. 7−18. 5 =

99. 9−89. 8 =

45. 6−16 =

66. 2−56. 7 =

92. 9−78. 2 =

37. 9−33 =

64. 6−7. 4 =

86. 3−23 =

74. 6−43. 9 =

76. 9−70. 5 =

22−6. 7 =

86. 9−46. 5 =

你做对了吗？____________，错误在什么地方________________

第7天

完成时间________分钟，做对________题。

评星(根据所做的结果及时间评星，最高为五星。)

☆ ☆ ☆ ☆ ☆

96. 4-4. 7 =　　　　53. 4-2 =

44. 8-24. 5 =　　　　57. 2-19. 4 =

85-80. 4 =　　　　97. 3-85. 4 =

11-4. 8 =　　　　43. 8-42. 4 =

62. 3-20. 8 =　　　　95-48. 5 =

53. 9-7 =　　　　36. 2-22 =

你做对了吗? ____________，错误在什么地方________________

本周小结，对自己的评价是：

卓越(　)　　优秀(　)　　良好(　)　　合格(　)　　不合格(　)

22.2 逻辑思维训练

大学里新来了一位数学教授，学生猜测他的年龄。老教授有意要考考他的学生们，便说："我早在 45 年前就开始教数学了，我比我的儿子大 27 岁，现在我的年龄的个位数和十位数交换一下就是我儿子的年龄。"那么这位老教授现在年龄是多少？

【答案】

他现在的年龄是 74 岁，他儿子的年龄是 47 岁。

22.3　应用题训练

1. 成年人的躯干是身长的$\frac{3}{8}$，下肢是身长的$\frac{4}{8}$。成人的躯干和下肢共占身长的几分之几？

2. 把一张纸的$\frac{3}{8}$涂成红色，涂红色的部分和这张纸涂蓝色的部分相同，涂蓝色的部分和涂红色的部分共占这张纸的几分之几？

3. 某小学三年级三班共有35名同学，其中$\frac{3}{7}$是男生，余下的都是女生。请问男、女同学各有多少人？

22.4 本周思维拓展

1. 一根竹竿，每次折下一半使用，折了5次后，还剩下2米，这根竹竿原来有多长？

2. 一桶油，第一次用去一半，第二次用去剩下的一半，第三次再用去剩下一半，还剩8升，这桶油原来有多升？

＊3. 晶晶今年4岁，妈妈的年龄是晶晶的7倍，再过两年，妈妈的年龄是晶晶的几倍？

附　　录

计算综合测试题(共 100 题，时间不超过 20 分钟)

1. 8+6×5=

2. 3×5−7=

3. 531+303+113=

4. 18+21÷3=

5. 89. 5−78. 4=

6. 70÷5+56=

7. 975×7=

8. 8×7+36=

9. 72. 2−13=

10. 75. 8+15. 1=

11. 12. 4+34. 8=

12. 11+5×5=

13. 22−2×5=

14. 896−440+846=

15. 79. 8−64. 9=

16. 6×7−37=

17. 380+463−755=

18. 21−30÷2=

19. 338×6=

20. 23×7=

21. 49−42÷3=

22. 50−36÷6=

23. 191+876+257=

24. 77. 5−33. 1=

25. 82. 5−12=

26. 11+(54+74)=

27. 184+351−290=

28. 698×3=

29. 48+(61+76)=

30. 27+48÷8=

31. 554×6=

32. 90. 7−12. 9=

33. 136+410+276=

34. 19+2×3=

35. 41−42÷7=

36. 62+54÷2=

37. 68+80÷5=

38. 6×4−2=

39. $492\times7=$ 40. $61+4\times3=$
41. $202\times2=$ 42. $5\times2+8=$
43. $8.6+27.6=$ 44. $663-457+450=$
45. $32-9.4=$ 46. $73\times4=$
47. $56\div2-18=$ 48. $5.5+8=$
49. $41+3\times2=$ 50. $8\times6=$
51. $85\times3=$ 52. $91+20.4=$
53. $5.9+45.5=$ 54. $74.5-20.9=$
55. $43+(17+51)=$ 56. $3\times5-2=$
57. $55-48\div2=$ 58. $225\times9=$
59. $33.9-13.7=$ 60. $32-70\div5=$
61. $24\div6+22=$ 62. $63+(10+58)=$
63. $3.4+81.2=$ 64. $98.9-15.2=$
65. $63.4-31.8=$ 66. $40\div5+67=$
67. $59.4+61.1=$ 68. $64\div8+32=$
69. $65+(32+31)=$ 70. $360+147+797=$
71. $94.8-81=$ 72. $86-6\times8=$
73. $23+(63-15)=$ 74. $13\times3=$
75. $847+424-403=$ 76. $520+503-128=$
77. $7\times8+80=$ 78. $798\times4=$
79. $101\times2=$ 80. $54-66\div3=$
81. $4+56\div7=$ 82. $124\times7=$
83. $48\div6+52=$ 84. $83-9\times3=$
85. $24+2\times4=$ 86. $433\times8=$
87. $77+(87-29)=$ 88. $85.8+51.5=$

89. $592+184-424=$

90. $89.5-73.7=$

91. $87-2\times6=$

92. $21+4.3=$

93. $68+96.4=$

94. $33-4\times5=$

95. $51+9\times8=$

96. $32-76\div4=$

97. $3\times4+35=$

98. $552+384-861=$

99. $47-56\div4=$

100. $96\div(63-57)=$

参考文献

[1]刘坚，孔企平，张丹．小学三年级数学(上)[M]．北京师范大学出版社，2023.

[2]陈晓满．小学数学小助手，专项训练-应用题训练[M]．吉林教育出版社，2022.

[3]杨建峰．哈佛给学生做的1500个思维游戏[M]．汕头大学出版社，2019.

[4]杨建峰．全世界优等生都在做的2000个思维游戏[M]．汕头大学出版社，2019.

[5]杨建峰．逻辑思维训练1200题[M]．汕头大学出版社，2019.

[6]杨建峰．清华北大学生爱做的1500个思维游戏[M]．汕头大学出版社，2019.

[7]欧阳文明．奥数思维训练(三年级)[M]．长江出版传媒，湖北教育出版社，2023.

[8]常秋胜，金丽娟，王建国．小学计算——训练与测评[M]．内蒙古大学出版社，2018.